塔木德

（修订版）

张永婷◎编译

金城出版社
GOLD WALL PRESS
·北京·

图书在版编目(CIP)数据

塔木德 / 张永婷编译.—修订本.—北京 ：金城出版社有限公司，2021.2

ISBN 978-7-5155-2161-9

Ⅰ.①塔… Ⅱ.①张… Ⅲ.①犹太人－商业经营－经验 Ⅳ.①F715

中国版本图书馆 CIP 数据核字(2020)第 268680 号

塔木德（修订版）

作　　者　张永婷
责任编辑　张礼文
责任校对　丁洪涛
开　　本　880 毫米×1230 毫米　1/32
印　　张　7
字　　数　120 千字
版　　次　2021 年 2 月第 1 版
印　　次　2021 年 2 月第 1 次印刷
印　　刷　三河市宏顺兴印刷有限公司
书　　号　ISBN 978-7-5155-2161-9
定　　价　45.00 元

出版发行　**金城出版社有限公司**　北京市朝阳区利泽东二路 3 号　100102
发 行 部　(010) 84254364
编 辑 部　(010) 84250838
总 编 室　(010) 64228516
网　　址　http://www.jccb.com.cn
电子邮箱　jinchengchuban@163.com
法律顾问　北京市安理律师事务所（电话）18911105819

目录
CONTENTS

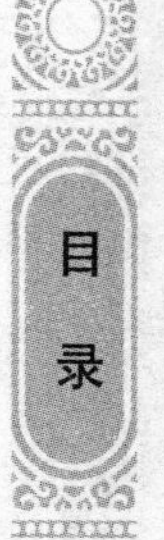

目录

塔木德
（修订版）

目录

目
录

塔木德
（修订版）

目录

塔木德
(修订版)

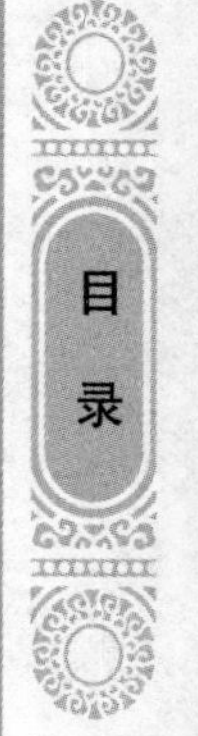
目
录

第一辑　宽　容

> 人要宽容一些，把一切仇怨都抛到九霄云外总比记在心里要好。

拥有一颗宽容之心

约瑟夫是雅各的儿子，受到兄长排挤，小时候就被兄长卖到埃及为奴。后来约瑟夫在埃及做了大官。

有一年闹饥荒，约瑟夫的兄长们一路逃荒来到埃及。当约瑟夫发现兄长们时，就走上前问："我是约瑟夫，父亲还好吗？"

可是，兄长们简直不相信这是真的，一时无法回答，一个个目瞪口呆。

约瑟夫又对兄长们说："请你们走近些。"

当哥哥们走近时，约瑟夫说："我是你们的兄弟约瑟夫，你们曾经把我卖到埃及。"兄长们还是不敢相信。但是当他们明白一切都是真的时，看着眼前的约瑟夫如此高贵，如此威风，吓得说不出话来。

这时，几位兄长听到约瑟夫说："现在，你们不要因为把我卖到这里而谴责自己，这是上帝为了救我的命，才把我送到

这里来的。

“老家发生饥荒已经两年了，现在所有的土地颗粒无收，你们将无法继续生存下去。

“上帝把我早些送来，是为了让你们继续生活，以特殊的方式让我们都生存下去。所以，是上帝而不是你们把我送到这里来的。”

约瑟夫的做法，其实就是一种宽以待人、化敌为友的处世之道。这也是犹太人的处世之道。

犹太人所持尊重他人的道德观念——相互尊重，彼此宽容，正是支撑他们在激烈的竞争压力下和强权夹缝中求得生存的艺术。

放下仇恨的包袱，解放自己

犹太人路易斯·迪克森·瑞亦说，我的祖母一直把威尔克斯太太当作敌人。她们都是新婚时搬到这座小镇那条林荫覆盖的大街上，彼此成了邻居，都想在这条街上一直住下去。我不清楚她们为什么发生“战争”，那已是我出生之前很久的事情了，我相信她们也不会记得“战争”的起因了，她们只是喜欢进行激烈的“战斗”。

那座已有300年历史的教堂，已经目睹了独立战争、南北战争和美西战争，也许还要记载祖母和威尔克斯太太的妇女救援会之战。我的祖母赢得了这场“战争”，但这只是一场虚胜。威尔克斯太太自从不能再当主席，就怒气冲冲地退出救援会。我祖母说，如果不能迫使你不共戴天的敌人做丢脸的事情，那么胜利就一点乐趣也没有。

威尔克斯太太赢得了公共图书馆之战，使她的侄女格茹德当上了馆员，挤走我姑姑菲丽丝；格茹德上班那天，就是我祖母停止阅读图书馆中书刊的那天。在我祖母眼里，它们一夜之间变成了“带有细菌的脏东西”。祖母从此自己买书来读。

高级中学之战，她们二人打了个平手，校长在威尔克斯太太成功地把他赶走，或者在我祖母搞得他辞职之前，就已找好了一份好工作。

除了这些主要的“战争”以外，时常还会爆发或者衍生出一些新的导火线。当时还是孩子的我们，去拜访祖母时的乐趣之一，就是向威尔克斯太太那些不会做鬼脸的孙子们做鬼脸。现在我才知道，我们几乎和他们一样不会做。还有就是偷摘威尔克斯家篱笆一侧的葡萄，追打威尔克斯家的母鸡；引燃7月4日国庆节那天省下来的雷管，把它们放到威尔克斯家门前矿车道的铁轨上，当矿车碾过时，那爆炸声就足以把威尔克斯太太吓昏。当然，在安全上这是可以忽略不计的小事。

有一个国旗日，我们把一条蛇放进威尔克斯家的水桶中，祖母只是象征性地表示一下反对，但我们领会到的是她默许我们做此事的。她的反对和我妈妈说“不行”的含义大相径庭，而且她对我们的惹是生非竟然显得挺高兴。

威尔克斯太太也有孙子，他们比我们还要强壮和聪明。我祖母从来都没有逃脱过他们的算计，她算是把黄鼠狼引进自家贮藏室。

在万圣节的时候，所有散放的、忘记收起的东西，例如花园里的小家具，都魔术般地飞到谷仓的房梁上。我们不得不花了高额的佣金，雇一个壮汉把它们取下来。

在有风的洗衣日里，没有一根晾衣绳不是被神秘地弄断的，那些床单在泥地上打滚，只好重洗。这些事有些时候是上帝干的，但更多时候我们都认定是威尔克斯家的孩子们干的。

如果不是祖母每天读的《波士顿新闻报》上有一个家庭版的话，我真不知道她怎样才能受得了这些骚扰。

这页家庭版很精彩，除了介绍日常的烹饪知识和卫生知识以外，它还有一个专栏，由读者间的通信组成。方式是这样的：如果你有问题，或者只是想发发怨气，你就写信给这家报纸，署上一个化名。例如杨梅树，就是祖母的化名。然后另一位与你有同样烦恼的女士会回信给你，并告诉你她是如何处理此类事情的。署名为“你知道的人”或者“泼妇”之类。

常常是问题已经处理了，她们仍然通过报纸专栏保持数年的联系。你对她讲你的孩子、讲你如何做罐头食品乃，至讲你卧室里的新家具。

祖母因此遇到了一件意想不到的事情。她和一位化名海鸥的女士保持了25年的通信联系，祖母曾把从没对第二个人讲过的事情都告诉了海鸥，例如那回她想再要个孩子，却没有要成的事；那次史蒂文叔叔把写有“笨蛋”的卡片放到头发上带到学校里，令她感到很丢脸的事。虽然事情在引起镇上人们的猜测之前就已经被处理掉了。海鸥是祖母真正的知心朋友。

在我16岁的时候，威尔克斯太太死了。同住在一个小镇上，不管你曾对你的邻居多么憎恶，从道义上讲还是应当过去看看能不能帮死者家属做点什么。

祖母穿了一件干净的棉花围裙，以此表明她想要帮助他们做点事情。她穿过两块草坪来到威尔克斯家，威尔克斯的女儿让她去打扫本来已经很干净的前厅，以备葬礼时需要。她在前厅的桌子上发现，有一个巨大的剪贴簿，在剪贴簿里，整整齐齐贴在并排的栏目里的，是多年来祖母写给海鸥的回信。祖母的死对头竟也是她的好朋友，祖母放声大哭。

那是路易斯·迪克森·瑞亦第一次看到祖母放声大哭。当时他还不能确切地知道她为什么哭，但是现在知道了，她在哭那些再也不能补救回来的、被浪费掉的时光。当时给他留下深刻印象的只是眼泪，而此后使他记住的却是比女人的眼泪更值得记住的东西。

那一天使他觉悟到，要学会宽容，学会原谅，我们的敌人也可能是我们的朋友。

提升自己，感化别人

《塔木德》中说："每时每刻都要善待自己。"

很久以前，有两位著名的犹太拉比，一个人是夏么尔拉比，另一个是希雷尔拉比。

夏么尔拉比严格地要求人们遵守戒律，而希雷尔拉比认为戒律虽然重要，但更重要的是要爱别人。

有一天，一个人来探访夏么尔拉比。"尊敬的拉比，我想加入犹太教。我现在单脚站立，在这段时间里，你能给我讲一讲犹太教吗？"听了这个人的话，夏么尔拉比把他撵走了。

这个人又来到希雷尔拉比那里，重复了同样的话。

希雷尔拉比说："好吧！让我们一起来学习犹太教吧！"

能够宽恕自己的事情，也要能宽恕他人。

化敌为友是人间最高尚的事

以色列有一位非常富有的商人，在他年事已高时，便决定把家产分给三个儿子，但在分财产之前，他要三个儿子去游历天下做生意。

临行前，富商告诉儿子们："你们一年后要回到这里，告

诉我你们在这一年内所做过的最高尚的事。我的财产不想分割，集中起来才能让下一代更富有；只有一年后，能做到最高尚事情的那个儿子，才能得到我的所有财产！”

一年过去后，三个儿子回到父亲跟前，报告自己这一年来的所获。

老大说：“在我游历期间，曾遇到一个陌生人，他十分信任我，将一袋金币交给我保管。后来他不幸过世，我将金币原封不动地交还他的家人。”

富商说：“你做得很好，但诚实是你应有的品德，称不上高尚的事情！”

老二接着说：“我旅行到一个贫穷的村落，见到一个衣衫破旧的小乞丐，不幸掉进河里。我立即跳下马，奋不顾身地跳进河里救起小乞丐。”

富商说：“你做得很好，但救人是你应尽的责任，还称不上高尚的事情！”

老三迟疑地说：“我有一个仇人，他千方百计地陷害我。有好几次，我差点儿死在他的手中。在我旅行途中，有一个夜晚，我独自骑马走在悬崖边，发现我的仇人正睡在一棵树旁，我只要轻轻一脚，就能把他踢下悬崖，但我没这么做。我叫醒他，让他继续赶路。这实在不算什么大事……”

富商正色道：“孩子，能帮助自己的仇人，是高尚而且神圣的事。你办到了，来，我所有的财产将是你的。”

懂得用宽容的心，去对待仇恨自己的人，甚至能帮助对方摆脱危险，这样的人，才是真正高尚的人。

第二辑　虚荣的陷阱

自满自大的人很容易犯错。

温柔地请求别人帮助

犹太拉比说："求别人时，必须要像女人一样温柔。"

有个富翁生了10个儿子。他保证自己去世的时候会给他们每人100个第纳尔。可是随着时光流逝，他失去了一些钱，只剩下950第纳尔。他给前面9个儿子每人100个第纳尔后，对最小的儿子说："我只剩下50个第纳尔了，还必须拿出30个第纳尔作丧葬费，只能给你20个第纳尔。不过，我有10个朋友，准备都给你，他们比100个第纳尔好多了。"

他把最小的儿子介绍给朋友们，然后很快死去。

埋葬父亲后，那9个儿子各自谋生，最小的儿子也慢慢地花父亲留给他的20个第纳尔。当他剩下最后一个第纳尔的时候，他决定向父亲的10个朋友请求帮助，于是他先邀请他们美餐一顿。

他们一起吃喝，纷纷说："在这么多兄弟中，他是唯一还记得我们的人。让我们对他仁慈一些，报答他对我们的好意。"

于是，他们每个人给富翁的小儿子一头怀了牛犊的母牛和一些钱。母牛产下小牛，富翁的小儿子卖了小牛，开始用换回来的钱做生意，不久他便成了大富翁。

只有谦虚地求助别人，事情才可能办得完美。

自大是罪恶的捷径

有一位从事神圣工作的拉比好像在熟睡。他的旁边坐着信徒，正在讨论这位神圣的人无与伦比的美德。

“他是多么虔诚！”一个信徒陶醉般地说道，“在整个波兰也找不到第二个像他的人！”

“谁能和他比仁慈？”另一个信徒狂热地呐喊，“他给人宽广无私的施舍。”

“还有多么温和的脾气！难道有谁见他激动过吗？”另一个信徒眼睛放光地低语。

“啊，这是多么博学的人！”一个信徒用唱圣歌般的语调说。

“他是第二个拉比！”信徒们陷入了沉默。这时这位拉比慢慢地睁开了一只眼睛，用一种受到伤害的表情看着他们。

“怎么没有人说说我的谦虚？”他责备说，“金钱是自大的捷径，而自大是罪恶的捷径。”

不把内在显现给别人看的人，才是最聪明的人。不自大，也是犹太人处世技巧之一。

最大的孝道

一次，拉比塔福恩的母亲在乡间走路时，不小心把鞋带弄坏了。为了不让母亲的脚踩到地上，塔福恩就让母亲踩着自己的两只手走路。

一天，塔福恩病了，许多长老都来看望他。他母亲对这些长老说：“为我的孩子祝福吧！他为我尽了最大孝道。”长老们便问，到底是怎么回事，这位母亲就把那件事原原本本地说出来。

长老们听后，对塔福恩的母亲说：“我们要为这样孝敬母亲的拉比做祈祷，愿他永远平安、幸福。”

犹太人认为善待父母，是对父母养育之恩的回报。

有钱先尽孝

被称为乞丐股票超人的约瑟夫，是纽约犹太成功商人的代表。他经历了从地狱到天堂的沧桑人生，留下了一个从街头乞丐到股票超人的奋斗奇迹。

约瑟夫早年一次赚到 16.8 万美元时，他首先想到的不是急于把这笔来之不易的金钱全部投资于他迷恋的股市，而是拿出绝大部分为相依为命的母亲购置一幢房子，让母亲早日走出低矮潮湿的贫民窟。约瑟夫也从不忘记与自己长期合作、患难与共的合作伙伴。他让合作伙伴朱宾全权负责开掘铀矿，事先就给予朱宾 1/10 的股票优先权，使朱宾在用自己的智慧掘出铀矿石的一刹那便成为百万富翁。约瑟夫不仅对与他有重要经济合作的伙伴这样，对他公司的职员也十分关心，甚至对一个开电梯的孩子也是如此。这个可怜的孩子有一个多病的母亲，微薄的薪水难以支撑母亲的医药费，约瑟夫便长期接济这个家庭。

在约瑟夫从乞丐到亿万富翁的一生中，他永远对自己的乞

丐生活有着刻骨铭心的记忆。在他成为富翁以后，他并不认为自己已经斩断了与贫穷的联系。他一直把捐助像他童年时一样贫穷的人作为自己义不容辞的责任。他向学校捐款，为的是使贫穷人家的孩子能得到更好的教育以发掘他们的天赋；他向盲人医院、孤儿院捐款，为的是使残疾人和无依无靠的孤儿得到救助。由于他对艺术的浓厚兴趣，他特别喜欢资助贫穷而又具有艺术才华的学生，使他们能够全身心地投入到艺术的王国之中，并通过他们实现他少年时没有实现的梦想。他经常驾驶一辆黑色的超豪华林肯牌轿车，不断驶入哥伦比亚大学、曼哈顿大学、加州图书馆、孤儿院、盲人医院、教会等地，不辞辛劳地把一笔笔捐款送给需要帮助的人们和组织。

约瑟夫并不是一个只知道赚钱的机器，而是一个充满生活情趣的和蔼老人。他 70 岁的时候，忽然迷上搜集艺术品。他又拿出当年对股票执着的劲头，到图书馆收集资料，派出几路人马千方百计获取更多方面的信息。不久以后，他就成为一个鉴赏艺术品的行家能手。他认为全人类都有责任更好地保护人类优秀文化遗产。为此，他收藏了 3000 座雕塑、6000 幅名画，还专门设立了一个艺术基金会，用于保护人类文化艺术遗产，为艺术事业做出了应有的贡献。他说只要他的心脏还在跳动，他对艺术孜孜不倦的追求就不会停止。

第三辑　爱心相连

应当尽心、尽情地爱你的兄弟。

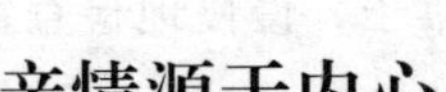

亲情源于内心

有两个农民兄弟，一个和妻儿一起住在山的一边，另一个还没结婚，住在山的另一边的小草屋里。

有一年兄弟俩收成都特别好。已经结婚的哥哥查看自己的土地，自言自语："上帝对我真好。我有妻子和孩子，庄稼多得超出我的需要。我比我的兄弟好多了，他一个人孤零零地生活。今天晚上，趁我兄弟睡着的时候，我要背几捆我的庄稼放到他地里。当他明天早上发现的时候，怎么也想不到是我放的。"

在山的另一边，没有结婚的弟弟看着自己的收成，自言自语："上帝对我很仁慈，但是我希望他对我的哥哥也这样好。他的需要比我大多了。他必须养活妻子和孩子，可是我的果实和谷物与他一样多。今天晚上，当哥哥一家人睡着的时候，我要背一些庄稼放到我哥哥的地里。明天，当他发现的时候，怎么也不会知道我的少了，他的多了。"

兄弟俩都耐心地等到半夜，然后各自背着家稼，向山顶走去。在午夜的时候，兄弟俩在山顶相遇了，意识到他们都想到帮助对方，便拥抱在一起，高兴得哭了。

伟大的爱

一个雨天的早晨，在学校附近的一家快餐店内，几张桌子上都是没有收拾的纸杯、盒子和法式炸土豆条。

一位年轻的犹太妇人与一个五六岁的男孩走进来，他们坐下点菜时又进来一个人，背微驼，穿着一件破烂的上衣。他缓慢地走向一张狼藉的桌子，慢慢地检查每个盒子，寻找残羹剩饭。当他拿起一块法式炸土豆条放到嘴边时，男孩对母亲窃窃私语道：“妈，那人吃别人的东西！”

“他饿了，又没有钱。”母亲低声回答。

“我们能给他买一个汉堡包吗？”

“我想他只吃别人不要的东西。”

当女服务员递给母子俩两袋食品时，男孩突然从他的袋里拿出一个汉堡包，咬了一小口，然后跑到那人坐的地方，把它放在桌上。

那人很惊讶，感激地看着男孩转身离去。

对人微笑

越是成功的人，他们越是注意微笑的连锁反应。卡耐基常用微笑来征服他的对手。

有一次，在盛大的宴会上，一个平日对卡耐基很有偏见的钢铁商人，背地里找出卡耐基全部的缺点，加以抨击。当卡耐基到达而且站在人群中听他高谈阔论时，他还不知道，仍旧滔滔不绝地抨击。宴会的主人相当尴尬，生怕卡耐基忍耐不住，当面指责他，使这个欢乐的宴会成为舌战的阵地。可是卡耐基很安详地站着，脸上挂着微笑。当钢铁商人发觉他站在那里时，反而显得非常难堪，满面通红地闭上嘴，想从人群中溜走。卡耐基脸上仍然堆着笑容，走上前去热情地跟他握手，如同没有听到他说自己的坏话一般。钢铁商人脸上一阵红一阵白，尴尬异常。卡耐基赶忙给他递上一杯酒，让他借喝酒掩饰窘态。

第二天，钢铁商人来到卡耐基家，再三向卡耐基道歉。从此，他变成了卡耐基的好朋友，并且见人就说："卡耐基是个了不起的大人物。他的每个笑容都是那么和蔼，那么安详！"

给别人一个微笑，就好比给一盆面粉投入酵母，再加入适量的温水，你就可以等待它发酵。

分享别人的喜悦

古时候，有一个国家连年战争。因为要征兵、运粮，所以老百姓的生活非常困苦。这时前线却又传来失利的消息，国王听了非常生气。他不但解除了将军的职务，还把他驱逐出境，另派一位将军接管军队。

国王怀疑第一个将军有卖国行为，很想知道这个将军到底是热爱还是憎恨国家，他想了很久以后，终于找到一个可以用来考察将军忠诚与否的主意。

国王的主意是："假如我所怀疑的人真心祝贺继任者的胜利，他一定是一个值得信任的人；反之，如果他对继任者有扯后腿的言语或行动，毫无疑问，他一定是个卖国贼，到时我非

定他的罪不可。”

别人在享受你的绵绵爱心，同时，你也在享受自己绵绵爱心给你带来的纯真快乐。

讲究诚信，注重契约

犹太人在任何时候都不逃避自己的责任，自己的责任一定要自己负责。

一个犹太人接到美国芝加哥一个公司 3 万套刀叉餐具的订单，双方商定的交货日期是 9 月 1 日。这个商人必须在 8 月 1 日从本港运出货物，才能在 9 月 1 日如期交货。

但是，由于一些意外事故，商人没能在 8 月 1 日赶制出 3 万套刀叉餐具，因此陷入困境，但他丝毫没有想给对方写封情真意切的信，要求延期交货并表示歉意，因为这本来就是违背契约，不符合犹太商法，并且也是逃避责任的做法。最后他花巨资租用飞机送货，3 万套刀叉虽然如期交货，但他却损失了 1 万元。

讲究诚信，注重契约。不逃避责任正是犹太人取得非凡成就的基石。

穷人富人，一视同仁

犹太人素有尊学、重学的传统，对于贫穷人，他们同样给予尊重。

犹太人中流传着一个这样的民间故事，教导人们不要看不起穷人。

一个虔诚的人继承了一笔财富。在安息日前夜，他就开始为安息日日落前的食物做准备。

有一天，由于急着办事，他在安息日前必须暂时离开家一段时间。在回家的路上，一个穷人向他乞讨买安息日所需食物的钱。

这位虔诚的人生气地斥责穷人："你怎么能一直等到最后一刻才买你的安息日食物呢？没有人会像你这样。你肯定是企图骗我给你钱！"他回到家后，对妻子讲了遇到穷人的事。

"我得告诉你，是你错了。"他的妻子说，"在你的一生中，你从未体会到贫穷的滋味，对什么是贫穷没有概念。我在穷苦人家长大。我经常回忆过去，那时天几乎全黑了，安息日快到了，而我的父亲仍然为家人四处寻找哪怕一点点的面包。你对那个穷人有罪！"

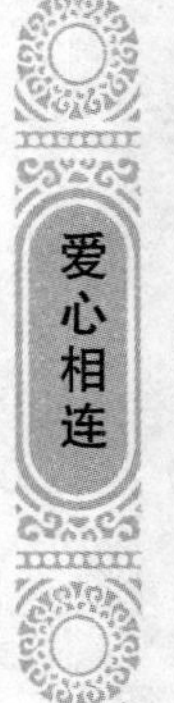

虔诚的人听到妻子一席话，赶紧到街上寻找那个乞丐。乞丐仍然在寻找安息日食物。于是，他给了穷人安息日所需的面包、鱼、肉，并请他宽恕自己。

这就是犹太人对待穷人的态度。

不嫌贫爱富，并且把尊重穷人、对穷人进行施舍作为自己的义务，这是犹太人团结友爱的处世智慧。

尊重别人

有很多著名的犹太人，出身都很卑微。希雷尔是木匠出身，他之所以能够成为犹太人中的杰出人物，就是因为他自身的能力所致。所以，在犹太人看来，个人能力高于贵族的出身。

在犹太历史上就有这样一则故事。

艾拉是闻名全国的博学之人。一天，国王的公主对艾拉说

道："在你这么卑微的人的脑袋里，怎么可能有了不起的智慧呢？"

艾拉不但没有恼怒，反而笑容满面地问道："在你父亲的宫殿里，葡萄酒装在什么样的容器里？"

公主答道："装在陶罐里。"

"陶罐？普通老百姓才把葡萄酒装在陶罐中。"艾拉说，"你应该把葡萄酒放在金银器皿里。"

于是，公主便令宫中仆人把葡萄酒从陶罐里倒出来，装到金罐和银罐中。不久，所有葡萄酒都变得淡而无味了。

公主没想到会把葡萄酒弄得很糟糕，于是就去找艾拉算账："你为什么让我这样做？"

艾拉温和地说："我只是让你明白，珍贵的东西有时候必须装在简陋而普通的容器中才能保存其价值。"

"难道没有既出身好又博学的人吗？"公主问。

"有！"艾拉回答道，"如果出身艰苦一些的话，他们的学问会更大！"

犹太人中的穷人遇到富家子弟时，从不自卑，因为出身富贵之家的人并不一定有学问。但是他们遇到有知识的人，无论如何都非常敬重。学会重视他人的才华，而不是去看他的家庭条件和出身。

犹太人的待客之道

巴尤哈尼亚决定举行一个宴会，招待罗马贵宾。他向拉比以利则咨询。

以利则说："如果你打算邀请 20 个人，就做好足够招待 25 个人的准备。如果你打算邀请 25 个人，就做好足够招待 30

个人的准备。”

但巴尤哈尼亚没有听从他建议，只准备了招待 24 个人的饭菜，却邀请了 25 个人。

结果他差一道菜。

他把一个金盘子放在没有菜的客人面前。客人把盘子扔到他的面前，愤怒地问：“你难道让我吃金子吗？”

后来，巴尤哈尼亚对以利则说：“我真不该告诉你请客的事情，因为你教我怎么做而我却没有听你的话。不过，我想知道，上帝对你们学者揭露了律法的秘密，难道也告诉你们让客人高兴的秘密吗？”

以利则回答说：“上帝告诉我们让客人高兴的秘密了。”

“你知道该做什么？”他问。

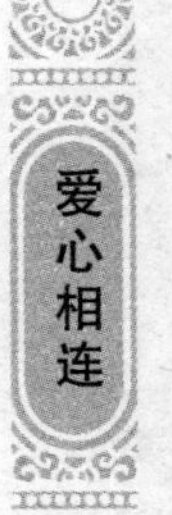

以利则回答说：“从戴维那里学的。书上写着，‘当阿伯纳在 12 个人的陪伴下来到赫布伦的戴维家时，戴维用盛宴款待阿伯纳和跟随他的人’，并不是简单地说‘他举行了盛宴’，而是说‘款待跟随他的人’。”

“一个好客人该说什么呢？”

“我的主人为我费了多大的心血啊，他在我面前放了多少肉血啊，他给了我多少酒啊，他给了我多少蛋糕啊……所有的这一切，他都是为了让我高兴！”

“可是，一个坏客人会怎么说呢？”

“主人到底为我费了什么心血呢？我只吃了一小片面包，我只吃了一小块肉，我只喝了一杯酒！无论主人做了什么，都只是为了让他的老婆孩子高兴罢了。”

最值得信赖的朋友是自己

犹太人有凡事从自己做起、善于自我反省、慎独自律的传

统。作为上帝的“特选子民”，他们以信守合约、遵守法律著称于世。在商业活动中，犹太商人严格遵守契约合同，哪怕这种约定是口头上的。在他们看来，既然双方达成某种约定，就应该一丝不苟地执行。也就是说，不管如何，都要求自己遵照契约的约定，履行自己的义务和享用自己的权利。他们相信，只有从自己做起，认真执行合约，才符合上帝对“特选子民”的要求。只有这样，才能真正体现合约的精神——按照合约，履行自己的义务。两方都按约定来要求自己，这样合约的价值才能真正体现，否则一方不从自己做起，却要求对方，那执行合约就会遇到困难。如果双方都想用合约约束别人，那么这个合约就可能要破产。在与犹太人的商业往来中，根本不存在犹太人不履行合约的情况，除非合约本身有问题。正是这种先从自己做起，自己严格要求自己遵守约定的商业精神，使犹太人获得了“世界第一商人”的美誉。

同样，在犹太人的经营管理活动中，他们从来都是以身作则，自己先做好表率，以自己的行动感化影响别人，很少有自己不遵守却让别人遵守的情况。或许，遵守规章，履行契约，从我做起，这些只是犹太人从我做起的比较浅层次的表现。在内心深处，犹太人有着可贵的“慎独”精神，也就是可贵的自我反省、自我批评的精神。他们总是先问自己做了什么，做对了什么，应该做什么，却很少先要求别人该怎样。

先从自己做起的理念和精神，增强了犹太民族的集体荣誉感和凝聚力，才使他们能够在分散各地的情况下紧密相连，并最终促成了以色列国家的再生。

只有自己拯救自己

美国连锁店先驱卢宾，最早也是一个穷光蛋。他16岁时随着“西部大淘金”的浪潮来到加利福尼亚，但淘金并没有让他挣到多少钱。后来他做一些小买卖，才开始赚一些钱。他越赚越多，并将自己的生意扩大到城市，直到发明连锁经营的方式。他的生意越做越大，以致像滚雪球一样，历经数年的时间，终于成了大富翁。金融世家罗斯柴尔德家族的创始人麦耶·罗斯柴尔德也是一个出生于德国法兰克福一条脏乱犹太街的穷小子。他开始时贩卖古钱币，并为之苦苦经营了二十多年，终于让世人喜好上古钱币，使命运陡转成了富翁，并最终涉身金融领域，一发不可收，最后成了名震欧洲乃至全球的金融舵手。另外。服装大王罗森沃德，牛仔裤的创始人利维·施特劳斯，美国电报大王萨尔诺夫，股票神人孔菲德等都是白手起家，从一无所有开始，最终成为富翁大亨的犹太人。

犹太人在两千多年的流浪漂泊中，受尽歧视、冷落，甚至迫害。在他们看来，人活在世上，首先就要学会为自己谋福利，只要自己有了财富，才会真正具有帮助别人、普度众生的力量。犹太人相信，只有懂得珍惜和完善自己，才会真正有能力去帮助、解救别人。

路要自己去走，才能走出自己的路。

慎重交友

寻求一个适合自己的朋友是一件很重要的事。

走进香水店，就算什么都不买，也会沾上芳香的气味。

犹太人对于交友是非常慎重的，时时小心，处处提防。每当他们遇到一个人时，都会思索一个问题：应该花多少时间接触那个人，又该沾上多少他的习性呢？

朋友分三种：第一种是像面包的朋友，这种朋友是经常需要的；第二种是像菜的朋友，这种朋友是偶尔需要的；最后一种是像病的朋友，这种朋友应尽量避开。

没有一个人能独自成长或独自堕落，所以在犹太人看来，寻求一个适合自己的朋友是人生中一件很重要的事。

能力来自实践

靠手艺吃饭的人，比畏惧苍天的宗教家更伟大。

德国的拉格尔·巴伦哈根出生于富裕的犹太资本家家庭，她为了从事妇女运动过着颠沛流离的生活。

她说：“为了拥有才能，必须要有个性。只靠能力和天生的资质，是不会产生才能的。”谈到个性，从事磨镜片行业的犹太人哲学家巴鲁市·斯皮诺扎说道：“总是认为自己能力有限的人，将一事无成。”

在美国最高法院担任过法官的犹太人路易斯·布朗达依斯说，“不要过分地夸耀名人的能力，也不要过分贬低普通人的能力。姑且赋予他们机会和责任，让他们做做看，这样才能充分发挥个人的能力”。

要想使他们的能力增加，只有让他们去做。只通过教导就使其能力增强，这是不可能也是不现实的。最好是在他们尝试着做过以后再进行评价，使其拥有自信心。

头尾不可随意置换

有条蛇，蛇尾老是跟着蛇头走。某一天，蛇尾终于按捺不住心中的不满，向蛇头抗议道：“为什么我老是跟随你的后面盲目地走？为什么你老是代我发表意见，并且决定行走方向呢？完全不公平嘛！我也是蛇的一部分，却始终如奴隶一样被你指东唤西，岂有此理！”

蛇头回答说：“老弟，此言差矣！你既无眼睛观察前景，又无耳朵察觉危险，更无头脑决断行动。我绝非为自己打算，而是为了你的安全着想，才会随时随地指导你。”

蛇尾大声笑道：“这种谬论我听多了！任何独裁者，无不以被统治者的利益着想为借口，而行专断之事。”

蛇头眼见蛇尾屡劝不听，索性说道：“既然如此，那么你来顶替我的角色看看！”蛇尾闻言大喜，趾高气扬地出发，不久即掉落沟中。蛇头千辛万苦努力挣扎，好不容易才从沟中爬出。可是没走多远，蛇尾又闯入布满针刺的灌木丛中，愈陷愈深，最后还是依靠蛇头引导帮忙，才遍体鳞伤地逃离灌木丛。蛇尾再度前进，这回误入火坑。蛇体逐渐发热，周围一片火焰，蛇尾开始害怕。陷入绝境的蛇头尽管拼命帮助蛇尾脱身，但已太迟，蛇体遭焚，蛇头也难逃一死。

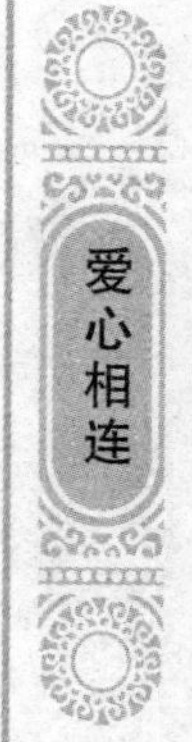

这个蛇头终于受到蛇尾盲目冒进连累，走上灭亡之路。

不取不义之财

有位拉比以砍柴为生，经常把砍倒的木柴从山上运往城里贩卖。为了缩短往返路程，拉比决定购买一头驴子帮他驮柴。

于是，拉比向城里的阿拉伯人买了一头驴子。

有了驴子之后，拉比便缩短往返村子和城镇的时间，弟子为此感到高兴，帮他用河水洗刷驴身。就在洗刷之际，突然从驴子的颈项间掉落一颗钻石。

弟子认为这下子拉比可以脱离贫苦的砍柴生活，拥有更多的时间进修和教导他们了。

可是，拉比却令弟子立即返回城里，将钻石归还阿拉伯商人。弟子不解其意，就问："这不是您购买的驴子吗？"

拉比回答："我买了驴子，但不曾买过钻石。我只取自己应得之物，这才是正当的行为。"

然后，拉比亲自带着钻石送往城里，归还阿拉伯人。

阿拉伯人反问道："你买了这头驴子，而钻石就附在驴子身上，你何必送来归还呢？"

拉比答道："根据犹太人传统，我们只能获取所买之物。钻石并非我购买的东西，因此特地送来归还给你。"

阿拉伯人听后，不禁由衷地赞赏："你们的神，一定是位伟大的神啊！"

软硬适宜，完美人生

拉比说："为人处世应该经常像芦苇草那么柔软，而不要像杉树那么硬直。"

犹太人认为，芦苇草过的是柔软的生活，所以有舒适的余年；杉树过的是硬直的生活，所以最后被砍伐。

像芦苇草柔和般的处世艺术，犹太人是贯穿人生始终的。想要和各式各样的人相处，一定要有柔软性。这样这个世界才和平，人们相处时才会减少摩擦和纠纷。

有这样一则故事。

曾经有一个拉比，拥有很深邃的思想，以至于能看透问题的方方面面。一天一对男女来找他，希望拉比允许他们离婚。

"你对妻子有什么成见呢？"拉比很严肃地问他。

这个男人开始他冗长的抱怨。

"你是对的。"拉比说。

然后，拉比转向妇人："现在让我听听你的说法吧。"

拉比带着明显的同情听妇人抱怨。

"你是对的。"当她结束时，他以肯定的语气说。

这时拉比的妻子出现了，说："怎么会这样？不可能两个人都对！"

拉比皱紧眉头，细想了一下："你也是对的！"

在一切都对的回答中，智慧的拉比可以说体现了芦苇的柔和性。因为，他用自己的行动告诫人们，在对待他人不要像杉树那样硬直，应该多一些柔性，才能和睦无事。

两硬相撞，必伤其一；柔软相处，因势化形。

及时行善

善恶分明，是犹太人诚实守信用的原则。

有一个人终生都十分自私。他快要死的时候，家人催促他吃点东西。他说："如果你们给我一个熟鸡蛋，我就吃。"

他正要吃鸡蛋，一个穷人出现在门前乞求道："给我点儿施舍吧！"将死之人便命令家人把他的鸡蛋送给乞丐。

临死时，儿子问他："父亲，你所去的世界是什么样的？"

他回答道："要以实际行动行善，那样，你就会在你将要去的世界里占有一席之地。我一生所做善事，只是给那个乞丐一个鸡蛋。但是我死之后，那个鸡蛋却抵消了我所犯下的所有罪过，并且被天堂接纳。"

做善事可以抵消自己的罪恶。

善良的回报

在一个渔村里有个穷寡妇，靠补渔网谋生。有一段时间，天气不好，渔民不能出海，她也就没有事可做，最后连面包都吃不上了。她想了又想，决定向村里最富有的人家要点吃的。

“我已经好几天没吃东西了，您能赏赐我一块面包吗？”

“《塔木德》中教导我们说，‘厌恶赠品的人才有可能长寿’，白拿别人的东西会减少寿命，也是一种罪过。神也不允许我这样做。我不能让你犯错，所以我不能施舍你任何东西。”富人说。

“那么，你可以借给我一些面包吗？”

“这也不行。所罗门王说过，借债的人极有可能成为债主的奴隶。我一直从外国人中挑选奴隶，不想让亚伯拉罕的后代成为奴隶，所以我也不能把面包借给你。”

寡妇仍不放弃：“那么，您就忍心看着我在您面前饿死吗？恐怕神也不愿看到这样的事发生吧？”

富人缓缓地说道：“这种事情不会发生的。我将代替神来帮助你。你可以去捡那些无主的东西。我刚给所罗门王献过面粉，现在仓库是空的，但撒落在地板上的面粉是无主的，你可以将它收集起来。”

寡妇来到仓库，看见仓库的地板上果真有好多撒落的面粉。她把那些面粉带回家，烤了三个面包。

她正要吃第一个面包时，传来了一阵急促的敲门声。

“可怜可怜我，给我点儿吃的吧。我住的村子被火包围，我侥幸逃了出来，已经好几天没吃饭了。”这个人哀求她。

寡妇对他的遭遇表示同情，就给了他一个面包。寡妇心想，自己的面包也是要来的，没想到还用它做了好事，真的感谢神的恩赐。

正当她准备拿第二个面包时，门又被敲响了。

“好心的人，可怜可怜我吧，我快要饿死了。”

这个人告诉寡妇，强盗抢走了他所有财产，还杀死了他的妻子、子女以及仆人，他已经一无所有。他是穿过沙漠才逃到这儿来的。

寡妇同情他，把第二个面包给了他。他拿着面包消失在暮色中。

她很高兴又做了一件善事，然后做了祷告，想吃最后一个面包。

这时刮起大风，小屋的屋顶被风掀走了。寡妇手里的最后一个面包也被大风刮往大海的方向。

大风整整刮了一夜。

第二天早上，暴风雨总算停了，然而寡妇的最后一个面包也没了。她怎么也想不通，自己将前两个面包施舍给最需要帮助的人，为什么第三个面包还会被风刮走呢？神不是照顾寡妇和孤儿的吗？要不就是风违背了神的意愿，故意来制造麻烦？

她决定向所罗门王状告风的这种恶行。她长途跋涉，走到耶路撒冷，来到所罗门王的宫殿前。

“陛下，我是来告状的。”

“你要告谁呀？”

“我要告风。”她把事情经过讲了一遍。

所罗门王说：“原来是这样啊。你先在这里住一段时间吧，直到再起风的时候。家臣，给她安排一下衣食住行。”

寡妇出去以后，王宫里又进来三个外国人。经过询问，所罗门王得知他们是阿拉伯的商人，装了一船宝石、金银、香料等贵重物品进行贸易，途中遇到了暴风雨，船在海上拼命地摇晃，船底还破了个大洞，水不断往里涌。他们大声地祈祷，请求神的帮助，但没有回音。最后他们猛然想起了以色列神，就乞求以色列神帮助，大声高喊：“要是我们得救的话，将把船

上的所有金银财宝都献给以色列神。”

话音刚落，从空中飞来一个东西，将船底的漏洞堵上了。没过多久，暴风雨也停了，他们得救了。

“所以，为了实现我们许下的诺言，我们来到耶路撒冷。我们不知道以色列神在哪，不知道把金银财宝献给谁才好。”阿拉伯商人向所罗门王说明了来意。

“那个从天空中飞来的东西是什么？”

“是一个烤面包。我们把它也带来了。”

一个商人从包里取出一个小面包，呈送到所罗门王的面前。

所罗门王马上把寡妇叫出来：“你见过这个面包吗？”

寡妇仔细地看了看这个小面包，正是那个被风刮走的面包。

所罗门王做了裁决：“这些金银属于你了。这是神赏赐给你的，作为你的善行回报。风是受了神的派遣才这么做的，他并不是故意制造麻烦。”

同时，善良的寡妇还得到了她那块被风吹走的小面包。

爱总会有回报，或许今天，或许明天。

寻找生命的意义，笑对苦难，它最终将会向你露出微笑。

舍与得

犹太传说中的先贤和智者阿卡马雅·本·玛哈拉雷尔说：“人正如来自母亲的子宫，终究还要离开，和来的时候一样赤条条。”

这好比一只狐狸，发现了一座葡萄园，围着篱笆到处转，发现只有一个很小的洞口。

它试图进去，可是进不去。

它该怎么办？

它三天没有吃东西，变得瘦骨嶙峋，然后从洞口钻进去。

它在葡萄园里大吃起来，变得肥胖了。

想离开的时候，它又无法钻出那个洞口。所以它又饿了三天，直到变得瘦骨嶙峋。

然后它出去了。

走的时候，它回头看看这个地方，说：“唉，葡萄园啊，葡萄园啊，你多么美，你的果子多么好吃，你的一切都值得赞美。可是你给了我什么享受呢？谁进去了，都得离开。”

珍惜拥有，把握现在

晚上，一个男人走到华沙的小酒馆，听到音乐和跳舞的声音从隔壁的房子里传来。

“他们一定是在庆祝婚礼。”他想。

但是第二天晚上，他又听到了这样的声音，第三天晚上还是这样。

“一户人家怎么能有这么多的婚礼呢？”他问酒馆主人。

“那个房子就是结婚礼堂。”酒馆主人说，“今天有人在那里举行婚礼，明天还会有别人。”

“对于世界来说也是这样。”一个哈西德派拉比说，“人们总是在享受，不过有时候是这些人，有时候是另外一些人。没有谁是永远快乐的。”

一条落入网中的小鱼对渔夫说。“我太小了，或煮或煎，都不值得你吃。你把我放了，让我长大，两年以后我一定来让你吃。到那时候，你就会在老地方找到我，发现我比现在大七

倍。那时，如果你把我煮了，你全家一定像过节一样开心，那么我就能永远拥有你的心了。”

渔夫回答说：“与其因一个巨兽让我的邻居们管制一年，还不如有条小鱼在我自己的手中。”

抓住好东西，无论它多么微不足道。

得意过去，莫忘回头

从前有一只老狮子，腰上有病，感到很痛苦，对未来一片茫然。

所有野兽都来看望这只病痛中的狮子。有的出于看望病人的爱心，有的为了看到它的痛苦，有的为了继承它的统治权，有的想知道它死后谁来统治森林。

它病得厉害极了，谁也不知道它是否能活下去。公牛过来顶它，想知道它还有没有力气；小母牛用蹄子踩它；狐狸用牙咬它的耳朵；母羊一边用尾巴扫它的胡须一边问：“你什么时候死，你的名字什么时候消失？”公鸡啄它的眼睛，打掉了它的牙齿。

狮子的灵魂回来了，看到敌人们兴高采烈，于是感叹道：“唉，我曾经信任的朋友轻视我，我从前的仆人都对我作威作福。曾经爱我的人都成了我的敌人。”

人们都习惯奉承拥有财富和荣誉的人，但当他们一旦失势，那些曾经前呼后拥的人都会离开。

有节制的生活，才是理性的生活

犹太人出门买东西，不管花费多少，不管东西便宜或是贵，都一定要有账单。所以许多犹太人到一些地方，看到一般餐厅中只报账而没有账单的情况，就会觉得不可思议。许多民族对待金钱的态度要比犹太人马虎得多。据说有一位希腊人经常光顾某家餐厅，每次吃大致相同的饭菜，但每次结账，价钱都不相同。他的犹太朋友听到这件事，十分惊讶，要追究原因。希腊人说："这么一点小钱，何必认真？"犹太人一边摇头，一边惊呼上帝，仿佛犯了什么大罪过。

犹太人虽然也会在某些值得庆祝的日子里交换礼物，但只限于同自己有血缘关系的亲戚，所送的东西也是很便宜的礼物。

礼轻情义重，收到礼物的人也都很高兴。这是犹太人送礼的法则和智慧。他们并不是都吝啬得像铁公鸡，而是讲究有节制的生活。

长生的秘诀

一个卡斯里列夫基人经过欧洲大陆，前往巴黎，去见伟大而富有的罗斯希尔德男爵。

"我所要的并不是荣誉和权力。"卡斯里列夫基人说。

"那你要什么呢?"罗斯希尔德问道。

"300 卢布。"卡斯里列夫基人答道。

"那么多！你考虑清楚了?"

罗斯希尔德还能说什么呢？他将 300 卢布付给卡斯里列夫基人，为的是买到长生的秘密。

"我关于长生的忠告是，"卡期里列夫基人对罗斯希尔德说，"离开喧闹的巴黎，带着你的东西，和我一同到卡斯里列夫基去。在那里，你永远都不会死。因为在我们的镇子上，死

神一个富人都不认识。”

生命，我们不能选择它有多长，但是可以选择它有多好。心情好，身体好，亲人好，生命就好。

适者生存

从前，有一位样样皆通的人病倒了。大夫劝他搬到气候温暖的地方。他照做，搬到了一个小镇上，生活在一群没有知识的普通人中间。

当地人问他：“你以什么维持生活？”

“我会拔火罐。”

他们夫妻俩在一起时，妻子问他：“我真不明白，有哪位伟大的学者像你这样，有那么大的学问，却对别人说自己是拔火罐的，你这样做能带来什么名誉和利益呢？”

这位学者解释说：“这个镇上的人，都是可怜的人，他们的所需非常简单，如果我告诉他们我有学问、成就，他们并不能懂得这对他们有什么用处，对他们一点好处也没有。他们会把我看做一个外星来客。但是，想想看，能拔火罐的人，对他们来说是非常重要而有用的。我保证他们将非常尊重我。”

家

有一个犹太人觉得自己快活不下去了，跑来找拉比寻求建议。

“神圣的拉比！”他叫道，“对于我来说，事情变得太糟糕了，而且无时无刻不在变得更糟糕！我很穷，我和妻子、六个孩子、儿媳、女婿生活在一间木屋里。我们随时都相见，争吵是平常事，神经都快崩溃了，因为我们有太多的矛盾。我的家简直就是个地狱，再这样下去，我迟早会死的！”

拉比认真地思考了这件事。

“我的孩子，”他说，“如果你答应按照我说的去做，你的情况会变好。”

“我答应！”这个陷入愁苦的人回答，“我一定会做你说的任何事。”

“告诉我，你都有什么家畜？”

“有一头奶牛，一只山羊和一群鸡。”

“很好！你就回家去，把这些家畜带到你屋里，和它们一起生活。”

因为这个可怜人已经答应了拉比，他只好按照拉比说的去做，尽管他非常吃惊与不愿意。

过了一天，这个人哭喊着跑到拉比跟前：“拉比，你的建议给我带来了怎样的不幸啊！我把家畜都带到我屋里一起生活，这是按照你说的去做的，但现在我得到的却是比以前更糟糕的事情！我的生活真成了十足的地狱。我的房间成了一个畜棚！救救我，拉比！”

“我的孩子，”拉比平静地说，“回家把那些家畜赶出房间就会好了。神会保佑你！”

于是这个可怜人回到家，把家畜赶了出去。

不久他又跑到拉比这里来了。

“神圣的拉比！”他哀叹道，“帮帮我，救我吧！我房间里的一切东西都被那只山羊撕碎了，这让我的生活如同噩梦。”

“回家，”拉比温和地说，“把那只山羊牵出房去就会好些了。神会保佑你！”

这位可怜人回家把羊牵出去，但不久他又跑到拉比这儿来

了，哀伤地说：“你给我带来了巨大的灾难，拉比！那头牛把我的房间变成了牛棚！你怎么可以建议人和动物生活在一起呢？”

“你绝对是对的！”拉比说，“你回家把牛牵出房去！”

这个不幸的人赶快回家把牛牵出去。

不到一天，他又来找拉比。

“拉比！”他的脸上放着光，“感谢你把甜蜜的生活给了我。现在所有家畜都出去了，房子显得那么安静，那么宽敞，那么干净！多开心啊！”

不要违背自己的内心

有一个犹太人名叫霍伊拉，在晚上 10 点左右正打算上床睡觉的时候，突然有人敲门。他出去一看，原来是富凯尔博士来了。

他进门便说：“我刚才在小摊上吃了一碗枸杞汤，就是上次你介绍给我的那家。”

霍伊拉打了一个哈欠，不耐烦地问：“这有什么值得讲的呢？”

富凯尔博士显然没有注意到霍伊拉的疲倦，还是自顾自地说：“我告诉你一个有趣的发现，刚才去吃枸杞汤的人只有我一个，我便和摊主聊起来。他向我透露一件惊人的事情，他说他原来在大学是专攻化学的，毕业后曾在某公司任化学技师……”

“真的？”霍伊拉惊讶地问，“他为什么不去做化学技师，而要摆小摊呢？”

“是呀，当时我也觉得奇怪。他说他有一天在公司工作的时候，突然想到自己像机器中的一个螺丝钉一样任人摆布，觉得毫无趣味，便提出辞职，自由自在地摆起小摊谋生。”

“他这样做，难道不会让他太太和子女们在朋友面前感到不体面吗，难道他的自尊心就没有一点受损吗?”

富凯尔博士说：“我今天这么晚跑来，目的就是要改变一些人关于体面的旧观点。中国有句俗语，‘打肿脸充胖子’，这句话非常深刻。不少人为了体面，吃了许多苦头，却不知反省。”

只有不违背自己内心的人才能更好地创造生活。

适时保持沉默

一个拉比对仆人说：“到市场给我买些好东西。”

仆人去了，带回来一个舌头。

拉比又对仆人说：“到市场上给我买些不好的东西。”

仆人去了，又带回来一个舌头。

拉比问仆人：“为什么我要‘好东西’你带回来一个舌头，我要‘不好的东西’，你也带回来一个舌头?”

仆人回答说：“舌头是善恶之源。当它好的时候，没有比它再好的了；当它坏的时候，没有比它更坏的了。”

我们用三年学会说话，用一生学会闭嘴，就是为了避免祸从口出。

承认自己的弱小

赎罪日，是犹太人的一个重大节日。其实，这个节日在本质上是犹太人承认人性脆弱的一种体现。

在赎罪日，犹太人都要绝食，终日祈祷忏悔。他们汇集在犹太教堂里，由三个长老朗读《犹太教则》，并由代表们向神请求说：“神啊！请原谅我们。”

长老们绝不会说，“请原谅我”。

代表们为什么这样说呢？因为犹太人认为人是弱小的，每个人对“罪”都有连带的责任。因此一人有罪，众人才能负担得起。

勇于承认自己的弱小，犹太民族中才会出现恺撒和拿破仑。也正因为敢于承认自己弱小，犹太民族中才涌现出爱因斯坦、尼尔斯·波尔、奥本海默、弗洛姆、马克思、毕加索、海涅等各个领域的巨匠。

承认自己的弱小，是犹太人重要的生活智慧。

舌头的力量

一个波斯国王快要病死了。他的医生告诉他，喝母狮子的奶是存活的唯一希望。国王问仆人：“谁去把母狮子的奶给我拿来？”

“我愿意去！”有个人回答说，“如果你愿意让我带上 10 只山羊。”

那个人带着羊群找到一个狮子洞，里面有一头母狮子正在给幼崽喂奶。第一天，那人远远站着，把一只山羊扔给母狮，它很快就把山羊吃掉了。第二天，他走近一点儿，又扔过去一只山羊……到第 10 天，他和母狮子成了朋友，它让他抚摸，和它的幼崽玩耍，最后让他取了一些它的奶。

返回途中，这个人睡了一觉，梦见自己身体的各个部分吵起来。他的腿说：“身体的其他器官都不能和我相比。要不是我走近母狮，主人就没办法取到奶。”

手说：“要不是我们挤奶，他也没有办法取到奶。”

眼睛说：“要不是我们看路，他什么也干不了。”

“我比你们都好！”心喊叫着，“要不是我想到这个办法，你们都没有用。”

“我呢，”舌头回答说，“才是最好的！要是不能说话，你们还能干什么？”

“你怎么敢和我们比？”身体的各个器官一起叫起来，“你整天在那个黑暗的地方，不像我们都有骨头，你甚至连一根骨头都没有。”

“早晚你们会知道的。”舌头说，“到那时，你们就会认为我是统治者。”

这个人醒来继续赶路。当他走进国王的宫殿，对国王说：“这是我给你带回来的狗奶！”

“狗奶？”国王咆哮道，“我要的是狮子奶。把他带走吊死。”

在去刑场的路上，这个人身体的各个器官都颤抖起来。这时舌头对它们说：“我说过我比你们厉害。如果我救了你们，你们会不会承认我统治你们？”其他器官都忙不迭地同意了。

“把我送到国王那里去。”那人冲着刽子手大喊。他又被带到国王面前。

“为什么你下令把我绞死？”他问道，“这奶能治好你的病。你不知道有时候母狮子也叫母狗吗？”

国王的医生从手里接过奶，检查一番，发现真是母狮子奶。国王喝了以后，病很快就好了。

这个人获得了丰厚的奖赏。他身体的各器官对舌头说：“我们向你鞠躬致礼，你是我们的统治者。”

马路新闻与风中羽毛

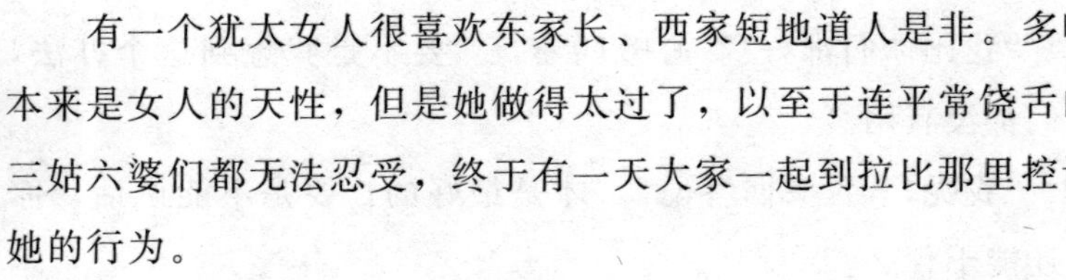

有一个犹太女人很喜欢东家长、西家短地道人是非。多嘴本来是女人的天性，但是她做得太过了，以至于连平常饶舌的三姑六婆们都无法忍受，终于有一天大家一起到拉比那里控诉她的行为。

拉比仔细倾听每个女人的控诉之后，便要这些女人先回去，然后差人把那个多嘴的女人找来。

“你为什么无中生有，对邻居太太们品头论足？”

多嘴的女人笑着回答说：“我并没有杜撰什么故事啊！也许我有夸大事实的习惯，不过我说的不是很接近事实吗？我只是把事实稍微修饰一下，使它更有声有色而已。或许我真的太多嘴了，连我丈夫都这么说。”她表示自己想改正这个毛病。

“好吧！让我们来想一想，有没有什么好的治疗方法呢？”拉比想了一会儿，走出房间，拿回一个大袋子，对女人说，“你把这个袋子拿到广场之后，把袋子里的东西一路摆放，之后，你再掉过头来，把东西收齐以后，再回到广场。”

女人接过这个袋子，觉得很轻，很纳闷，非常想知道里面装的是什么东西，于是加快脚步。到了广场之后，她迫不及待地打开一看，里面装的竟然是一大堆羽毛。

那是一个万里无云的日子，微风轻吹，令人觉得非常舒服。女人按照拉比的吩咐，一面走，一面把羽毛摆在路边。当她走进家门时，袋子刚好空了。然后，她又提着袋子，一边捡羽毛，一边向广场走。

可是，凉爽的秋风吹散了羽毛，以致所剩无几。女人只好回到拉比那里，说，一切她都按照拉比的吩咐去做了，但是只能收回几根羽毛。

“我想也是这样的。”拉比说，“所有的马路新闻，都像袋子里的羽毛一样，一旦从嘴里溜出去，就永无收回的希望。”

在拉比的教育下，这个女人改掉了坏习惯。

犹太人的储蓄观

有一个日本人叫井上多金。10 年前他与心爱的女子结婚。由于夫妻俩每月省吃俭用，所以银行存折中的数字直线上升。井上多金的夫人时常向左邻右舍的太太们说：“如果没有储蓄，生活就等于失去了保障。”

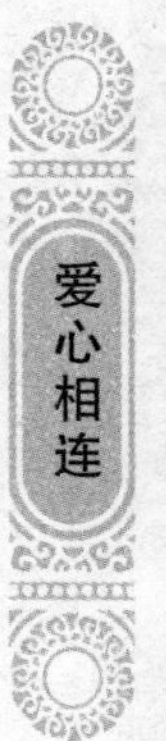

富凯尔博士是美国耶鲁大学毕业生，专攻心理学，一年前来东京经商。由于商业上的接触，他与井上多金成为很要好的朋友。富凯尔博士对井上多金夫人如此注重储蓄非常不欣赏，讥讽道：“你看，没有储蓄，就会觉得生活上失去了保障，如此看重物质，成为物质的奴隶，人的尊严到哪儿去了呢？男人每天只是为了衣、食、住，在外面辛苦工作，而女人呢？则每天计算如何尽量节省生活费，将其存入银行，人的一生就这样过去，还有什么意思呢？为什么要成为储蓄的奴隶呢？为什么不让自己成为主人，自己主宰自己的人生呢？可悲啊！大部分日本人都是如此，其他各国人也大半如此。

“也许你们都知道犹太人有一个世界闻名的富豪叫罗斯查德，他的家族自拿破仑时代起，就一直维持巨富的地位，在日本人之中，能够找出一位世界上知名的富豪来吗？也许不能吧，那是因为他们都太注重物质了，认为储蓄是生活上的安全保障，储蓄的钱越多，心理上的安全保障的程度就越高。如此累积下去，永远没有满足的一天。这样，岂不是把有用的钱全

部束之高阁，使自己赚大钱的才能无从发挥了吗？你再想想，哪有省吃俭用一辈子，在银行存了一生赚的钱，靠利息成为世界上知名的富翁的？”

井上多金听了富凯尔博士这些话后，虽然无法反驳，但心里总觉得有点不服气，便反问道：“你的意思是反对储蓄了？”

“当然不是反对。”富凯尔博士解释道，“我反对的是，把储蓄变成嗜好，忘记到了相当数目时提出来使用，使它能赚到比银行利息多得多的钱。我还反对当银行里的钱越存越多的时候，靠利息补贴生活费，这就养成了依赖性，进而失去冒险奋斗的精神。”

金钱是劳动的成果

戴维清楚地记着一件难忘的往事。在他 7 岁的时候，约翰·洛克菲勒把他叫到自己的房间里，意味深长地说：“戴维，从现在开始，你每周可以获得 30 美分的零用钱，我想听听你打算如何处理这 30 美分。”

戴维高兴地回答：“爸爸，我想您一定会同意我花 10 美分去买我最喜爱的巧克力。另外，我要和哥哥们一样拥有一个储钱罐，我把每周节省的 10 美分放进去。剩下的 10 美分，我做机动处置，如果到星期六还没有花出去的话，我可以考虑在做礼拜之前捐给教堂。”

“对你的处理方法我十分满意，可爱的孩子。不过，我还有一个小小的要求，就是你拿到每周零花钱后，必须在本子上记下每笔钱的用途。”

“爸爸，有这个必要吗？”戴维不解地问道，“您说过，这是我的零花钱，我有权自由处理啊！”

"当然是有必要的，这是你祖父创立的规矩。洛克菲勒家庭的每个孩子都要这样做的。你每天花钱之后，晚上在睡觉之前，记下花钱的原因、数目，并给这笔开销的必要性做合情合理的解释。有一点我想有必要提醒你一下，所有的记录必须要真实，你知道诚实是最宝贵的。"

"爸爸，我记住了。"

"对了，我每周在给你零花钱之前，都要检查你的花钱记录本。如果你的记录令我满意的话，你会得到一点小小的奖赏，那就是在 30 美分之外再加 5 美分；要是记得模糊不清的话，相应地扣除 5 美分。"

戴维少年时所受的"账目训练"，让他以后的理财生涯受益匪浅。他通过对每笔账目的记录，逐渐明白哪些钱是该花的，哪些钱是不该花的。

这种方法也使他从小养成了节约、勤俭的良好习惯，同时也锻炼了他的计算能力。

约翰·洛克菲勒仍然保持着老洛克菲勒教育孩子的特有方式，对最小的孩子戴维也从不特殊对待。他对戴维金钱意识的培养并不限于一个小小的记账本，还有别的办法。他给戴维的零花钱一般来说并不是能足以维持他在各个方面的开销，戴维往往感到手头比较拮据。要想得到更多的钱，指望父亲增加每周零花钱的配额几乎是不可能的，因此他只能通过干些家务活增加一点点收入。

戴维的劳动是按照劳动成果的数量计算报酬的。根据当时父亲的规定，在家里打死 100 只苍蝇可以得到 10 美分；捉住一只耗子可以得到 5 美分；拔草每小时 5 美分；背柴草每小时 10 美分……每当戴维感到经济紧张的时候，总是通过自己半天或一个晌午的劳动获得一笔钱。

让孩子通过家务劳动挣钱是洛克菲勒家族的一贯传统。对此，约翰·洛克菲勒和他的父亲有同样的看法。在他们看来，虽然孩子们出生在富有的家庭之中，但是绝不能因此而随便挥霍，那样会使孩子们养成不良的习惯。他希望孩子们在养成勤俭节约的生活习惯的同时，还能意识到金钱是劳动的成果，只有通过辛勤的劳动，才能获得相应的报酬，这样可以培养他们良好的消费观念。他当然也知道，包括戴维在内的孩子并不是非常自觉自愿地去干那些家务，甚至有时他们对那些事情感到厌恶。他们只是屈从于经济上的需要才十分卖力地做家务。他十分固执地相信，自己在这方面的培养，有助于孩子们养成坚定的意志和顽强的毅力。

坦然承受生活遭遇

从前住在以色列的犹太人想给国王送一个礼物。反复讨论之后，他们决定让纳胡姆去送礼物，因为他经历过很多奇特的事。

他们把一个装满宝石和珍珠的口袋交给纳胡姆。路上，纳胡姆在一家小客店过夜。在他睡着的时候，店主把宝石拿光，然后在口袋里塞满泥土。

第二天早上，纳胡姆发现后，说："这也是出于好意！"

当纳胡姆到达目的地的时候，他打开口袋，国王看到里面装满了泥土。

"犹太人在嘲弄我！"国王下令把纳胡姆处死。

纳胡姆再次说："这也是出于好意！"

这时，先知以利亚装扮成国王的大臣出现了，说："这也许是他们的旅长亚伯拉罕的泥土。当他把泥土扔向敌人，泥土都变成了剑；当他扔向草根，草根都变成了箭。”

当时国王还有一个没能征服的省。于是他的士兵把这些泥土掷向敌人，很快就把敌人打败了。

国王让人把纳胡姆带到皇家宝库，让他把口袋装满宝石和珍珠。

当他来到从前经过的那家小客店时，店主问他：“你给国王送去什么，他给你这么多奖赏？”

“我给他带去的就是从你这里拿走的东西。”纳胡姆回答说。

店主带了一些泥土送给国王，说：“不久前，纳胡姆送给你的泥土是我们的。”

国王让人检查店主带来的泥土，发现没有一点魔力，就把店主处死了。

坦然承受生活中的遭遇，是犹太人处世的高明之处。

竞争出斗志

荷兰的渔民出海捕捉沙丁鱼，捕到后将鱼放入鱼槽运回码头。如果鱼仍然活着，就能卖很高的价钱。但是，沙丁鱼很难运输，在抵达港口前容易死掉。于是，渔民们千方百计地把活鱼运回海港。

可是，除了一艘渔船外，其他渔船的种种努力都是白费的，沙丁鱼到达港口前还是死掉了。那艘渔船的船长却一直不公开他的办法，直到他死后，人们去参观他的鱼槽，秘密才被揭开，鱼槽里不过是多了一条鲶鱼而已。

为什么在沙丁鱼槽中加入一条鲶鱼，就能让沙丁鱼活下去呢？原来，鲶鱼放进鱼槽内，由于环境陌生，便不安地四处游

动。沙丁鱼发现身边多了一个“另类”，自然就紧张起来，于是便不停地游动。这样一来，沙丁鱼就活蹦乱跳地被运到了港口。

犹太人流浪漂泊的遭遇，更让人们看到，他们就像那条沙丁鱼一样，尽管受尽了歧视和迫害，但他们从来不消极悲观，而是积极进取，不停地奋斗。

人生也是这样，只有在不断地竞争中才会有成绩、有目标、有斗志。

幽默是生活的调味剂

一次，媒人为一个年轻人介绍了一个丑陋的女孩。年轻人认识那个女孩，他听完媒人的介绍就一直盯着媒人看，就像看一个疯子似的。

“你为什么要跟我开玩笑？”他生气地问道。

“我没开玩笑！”媒人说，“我不善于开玩笑，你是知道的。我发誓我是认真的。你觉得她什么地方让你不满意？”

“她是盲人啊！”

“你觉得这是缺点吗？依我看，这倒是优点。你可以自由地做任何事情。”

“她还是哑巴。”

“这难道也是缺点吗？你永远听不到她骂你的话。”

“她也是聋人呀！”

“这不是好事吗？你可以随便骂她，而她却听不见。”

“她还是跛子呢！”

“这算是缺点吗？你追逐别的女人的时候，她绝对不会跟在你后面。”

"她还是驼背！"

"我真搞不懂你这个人！"媒人近乎绝望地叫道，"她有这么多优点，你难道就不能容忍她一个缺点吗？"

犹太人就是这样用幽默丰富自己的生活。

欢乐和笑声是犹太人调剂生活的良方，他们对生活总能保持乐观的态度。对犹太人来说，歧视、迫害、追杀都不能阻止他们乐观地对待自己的经历。

积极跨过人生三重门

犹太人认为，人生有三重门，分别通往过去、现在和将来。不可关闭这三扇门中的任何一扇，同时还要对每扇门都保持希望，借过去的经验，把握现在、创造未来。这是人生的真正使命。

在犹太人心中，人的一生并不只是由今天和过去两个因素构成，还包括很多"明天"的成分在内，而明天的那部分，就包括明天一定能好转的"希望"。所以，人不仅生存在过去和现在，同时也生存在未来。

犹太人为什么尊敬年高德劭的长者？因为他们"过去"的那扇门有宝物。为什么年轻力壮的男女都很美？因为他们"现在"的门中有宝物。孩子为什么可爱？因为他们象征着"未来"。

犹太人坚信，不论人生如何，时时都会有"宝物"。

不要轻率离婚

犹太人认为，除了年轻时的妻子，一切都能换。

有一对犹太夫妇，结婚已经10年了，还没有孩子，于是丈夫要求离婚。夫妇去见拉比。

拉比坚决反对他们离婚，并试图说服他们继续一起生活，但是丈夫的态度很坚决。

“既然你们决定离婚，”拉比对夫妇说，“你们应该举行一场聚会纪念分手，就像你们举行婚礼那样。”

夫妇同意了。

在聚会中，喝了很多酒的丈夫对妻子说：“亲爱的，在我们分开以前，看看我们家里有什么你认为最宝贵的，你回到你父亲那里住的时候可以带走。”

丈夫喝醉睡着了，妻子就让仆人把丈夫抬到她父亲的家里，把他放在床上。

半夜里，丈夫醒过来了。

“我在哪里？”他叫起来。

“在我父亲家里。”他的妻子回答说，“你说我可以带走任何我认为最宝贵的东西。在这个世界上，没有什么比你更宝贵。”

丈夫被妻子的爱深深地打动了，决定不再离婚，从那以后他们幸福地生活在一起。

善意的谎言无害

在《创世纪》中，当上帝告诉萨拉，她将要生一个儿子。她大笑着问：“我现在已经衰老了，我和年迈的丈夫亚伯拉罕还能有床笫之欢吗？”

当上帝把这件事告诉亚伯拉罕，问道：“为什么萨拉要笑着问‘像我这么年老的人还能生孩子’？”

据拉比们说，上帝在对亚伯拉罕转述的时候，故意改变了萨拉的原话，以免让他知道妻子抱怨他年纪大。

拉比这样教导学生，为了和平，连神圣的上帝都掩盖真相，改变原话，因为创造和平是伟大的。

对于夫妻双方来说，说出真相应该让位于保持和平。

任何有助于夫妻和睦的事都不是可耻的。

拉比梅尔经常在每周五的晚上布道。有一个女人，非常喜欢他的演讲，总是按时参加。有天晚上，他的布道特别长，当这个女人回家的时候，发现家里黑着灯，丈夫气冲冲地站在门口。

“你去哪儿了？”他冲她大吼。

“听拉比布道。”女人回答说。

“既然听拉比布道让你这么高兴，”丈夫说，“我发誓，除非你往他的眼睛吐口水，否则我不会让你进家门。那是他为了给你的快乐而应该得到的回报。”他讽刺说。

愤怒的妻子只好到邻居家去住。

当这件事传到拉比梅尔的耳朵里时，他让人把那个女人请来。拉比假装眼睛疼痛，问她知不知道治疗办法。

这个单纯的女人紧张地说：“不知道。”

“你往我的眼睛里吐七次口水，”拉比梅尔说，“可能会管用。”

女人很犹豫，但是拉比梅尔一再请求，她就照办了。

“现在回家去吧，”他对她说，“对你丈夫说，‘你让我吐一次口水，可是我吐了七次’。”

当拉比梅尔的学生抱怨他降低身份，他斥责道：“任何帮助丈夫和妻子得到和平和幸福的事，都不是可耻的。”

英雄不问出身

有一次，大帝对甘木列拉比说："你们的上帝为什么在亚当熟睡时偷他一根肋骨呢？"

这时大帝的公主对甘木列拉比说："让我来回答。"

然后她转向大帝，说："叫一个法官来！"

"你要法官来干什么呢？"大帝吃惊地问。

"晚上小偷进入我的房间，"公主回答，"他们偷了一个银罐，却留下了一个金罐。"

"希望这样的偷盗每晚都来！"大帝大笑。

公主大声说，"亚当不也是这样吗？上帝偷了他一根肋骨，给他留下一个贤惠的妻子。"

大帝再次辩驳："在亚当熟睡的时候，上帝这么做是错的，如果他想要他的肋骨，他尽管要就是了。"

"父亲！"公主大叫，"给我拿一大块肉来。"

大帝好奇地按照她的话做了。

公主在大帝面前，把那块生肉放进热灰里焖烤。等焖熟后，她对大帝说："父亲，请吃肉吧。"

大帝觉得很恶心，拒绝吃："它真让我恶心！"

公主说，"如果当亚当醒着的时候，看到上帝用他的肋骨变成女人，那么他以后一看到她，就会觉得恶心。"

好女人是男人的精神支柱

阿克达过去是一个贫穷的牧羊人，替富翁卡勒达·夏乌达饲养家畜。然而，他却和卡勒达·夏乌达的女儿拉克露产生了

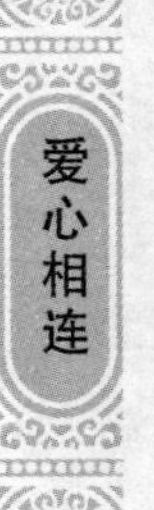

恋情。他们私下订了婚约。卡勒达·夏乌达坚决反对拉克露和阿克达结婚，但是拉克露主意已定。无奈之下，卡勒达·夏乌达把拉克露逐出了家门。阿克达和拉克露顺利地结婚了。婚后，他们过着艰难困苦的生活。

阿克达从小没受过教育，拉克露劝他去学习，使自己变成博学的人，并把他送到了艾利埃泽鲁拉比那里。在拉克露的盼望中，阿克达开始了自己的学习生涯。经过几年的刻苦努力，阿克达终于变成了一个很有学问的人。他兴奋异常，为了使拉克露与他一起分享成功的喜悦，他要把这个消息告诉拉克露。但在要进家门之前，他听到了拉克露和邻居这样说："如果他想继续学习，我可以一直不和他见面。"

听到这里，阿克达没和拉克露说一句话，又返回学校。

时间过得很快，又经过几年的努力，阿克达成了一个知识渊博的拉比，并且收了很多学生。这一天，他带着许多学生回到家乡，乡亲们都来欢迎阿克达，拉克露也在人群之中。她身穿粗布衣衫，因为学生们从来就没有见过阿克达的妻子，所以，当拉克露走向阿克达的时候，学生们就要推开她。这时阿克达说："拉比怎么可以那样粗暴地对她！我能有今天的学问，都是因为她的牺牲。"他说完，就把拉克露紧紧地抱住，抚慰她这么多年的辛苦。

这时，阿克达已经成了当地著名的学者。为了这一切，他与拉克露分别了 24 年。

卡勒达·夏乌达并不知道这位著名的学者就是被自己轰出家门的女婿。一天，他决定去拜访这位学者，并希望这位学者能想出办法把自己的女儿从那个穷牧羊人身边夺回来。

阿克达问卡勒达·夏乌达："你为什么拒绝那个牧羊人做你女婿?"他并没有暴露身份。

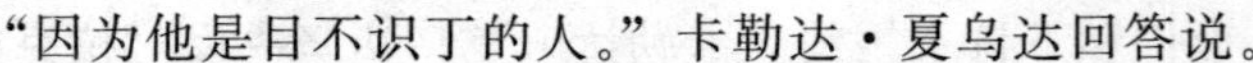

“因为他是目不识丁的人。”卡勒达·夏乌达回答说。

“那你的女儿和那个牧羊人在哪儿？”阿克达问道。

“我不知道，我已经24年没见过他们了。如果你能帮助我解除我女儿的痛苦，无论如何我也要找到他们。”卡勒达·夏乌达回答。

在隔壁房间的拉克露听到这一切，再也控制不住自己的感情，冲出来哭着对卡勒达·夏乌达说：“我就是你的女儿拉克露，他就是你的女婿！”

卡勒达·夏乌达惊讶极了，看着拉克露，然后拥抱着她们说道：“我的女儿，当初你违背我的愿望嫁给阿克达，你是对的。神会保佑你们两个的！”

犹太人认为，与一个女人结合，这个男人要么站起来，要么倒下。理想的妻子正是能让男人站起来的女人。

最大限度地、真心地尊重妻子，这样夫妻间的感情会越来越深，家庭就会越来越幸福、美满。

第四辑　爱情力量的伟大

《塔木德》中说："一个节俭的女人是家里的财富。"犹太人认为恋爱是一件很神奇的事情，理性力量是无法控制它的。

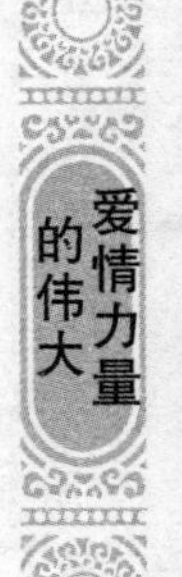

爱要坚定

犹太男人对爱很忠诚，他的重要的爱通常给予他的第一位妻子。因而，在犹太人中有这样的说法："如果丈夫在世时，他的第一位妻子死了，就好像他在世时圣殿被毁了。如果一个人在世时，他的妻子死了，他的世界就黯然无光了。""假如男人第一位妻子死了之后再娶，他要记着前妻的品行。"

拉比犹太王子的儿子离开妻子在外学习了 12 年，回来时他的妻子已经不能生育了。

知道这事后，犹太王子说："我们怎么办呢？如果把她休了，外人会说这位虔诚的女人白等了 12 年。如果我再娶一位妻子，外人会说其中一位是我的妻子，另一位是我的情人！"

于是，犹太王子为她祈祷。

结果，他的妻子又恢复了生育能力。

美丽的爱情故事

有一句犹太格言：上帝会让所有幸福的男女都有一个美满的婚姻。

所罗门王有一个如花似玉的漂亮公主，公主的美貌简直举世无双。

国王会研究星相，他想知道什么样的人能够娶他的女儿。等研究完，他发现一个贫穷且头脑简单的年轻人会娶他的女儿。

国王很不高兴，认为这样对自己的公主太不公平了。为了扭转公主的命运，他在海中建造了一座高塔，四周筑起高墙，让公主住在塔内，选送 70 个年长的奴仆监视、照顾她。塔里摆满了各种食物和饮料，应有尽有。然后把所有的门都锁上，隔绝公主与外界的联系。

国王心想，我不相信星相的预言，我倒要看看上帝怎么对待这件事情。

一位贫穷的少年住在阿茂城里，为了谋生，他远离家乡去外面的世界闯荡。途中他忍饥挨饿，衣衫褴褛，以大地为床，以石块为枕。

一个冰冷的夜晚，他看到地上有一块牛皮，就钻进去避寒。他睡着的时候，飞来一只老鹰，抓起牛皮及里面的少年飞到关着公主的塔顶。

天亮了，公主来到塔顶看见了少年，便问："你是谁？谁带你来这儿的？"

少年把自己的故事告诉了公主。公主把他带到自己的房里，让他吃饭、洗澡、换衣服。当再次看到他时，公主发现他是一个十分英俊的少年，并且她认为，这个少年机智、聪明。少年藏在公主的房间里，那些奴仆一点都不知道。

不久，他俩坠入爱河。经过一段时间恋爱，他们决定结婚。少年划破胳膊，写了一封血书："上帝作证，上帝的使者密歇尔和伽佰利作证，我会忠心不二地对待美丽的公主。"

少年和公主像夫妻那样生活在一起，不久，公主怀孕了。当奴仆们发现少年后，都非常害怕。可是无论他们怎么追问，都不能问出什么。奴仆们派人到国王那里报告，请国王处理。

国王一听大怒，叫来公主，探问事情的究竟。

"上帝赐给我一个善良英俊的少年。"公主说，"我们已经结为夫妻了。"

国王命人把少年带过来，少年把他用血封缄的婚书给国王看，那是他们爱情的见证。国王详细询问了他的一些具体情况。听完少年的回答，国王知道他就是星相曾经预言的那个年轻人。

然后国王的怒气全消，并高兴地说道："愿上帝祝福你们!"

犹太人认为，既然他们愿意结合在一起，便会给他们祝福。

爱情的力量

拉宾夫妇是以色列有口皆碑的一对恩爱夫妻。1944 年在特拉维夫的一家冰激凌店内，当时身为犹太反法西斯"帕尔马赫"突击队排长的拉宾，见到 15 岁亭亭玉立的高中生利娅，顿时不知所措。利娅也被眼前这位英俊高大且有点害羞腼腆的

拉宾吸引，眼里涌现出激动的泪花。笨拙的拉宾连忙掏出一块满是汗味的手绢递给她，她没擦泪水却一直捏着这块手帕直到离去。

第二天一大早，利娅找到拉宾，把洗得干干净净、喷上香水，还绣了一颗心的手绢还给他。利娅含情脉脉地望着他。他此时血往上涌，心跳得厉害，上去一把搂着她，两颗心跳到了一起。

然而，使利娅恼火的是，拉宾对她不冷不热、若即若离。其实，拉宾的内心是炽热的，他唯一的担心是怕耽误了她的前程。因为他作为“帕尔马赫”突击队的低级军官，每次战斗需冲锋在前，死神随时会带走他。利娅明白真相后，反倒破涕为笑。高中毕业后，利娅干脆从军，并千方百计地加入“帕尔马赫”突击队，由拉宾直接指挥。结果，拉宾自然当了利娅的“俘虏”。他常常骑上摩托车，去她驻扎的基地看望她。每当利娅坐在摩托车后座上，紧紧搂住拉宾的腰时，陶醉得几乎忘情。

1946 年，拉宾在一次执行任务中，为营救犹太难民，骑摩托车撞上了卡车，腿骨折断。养伤期间，利娅寸步不离地照顾他。两人建立小家庭的计划，因拉宾被英国当局逮捕又推迟了。就这样，一次次的变动和战争，使他们的恋爱经历长达 4 年的考验。

婚礼在特拉维夫举行，亲朋好友和部队官兵把小屋挤得水泄不通，拉宾和利娅只能任凭那些鬼点子无穷的战友们善意摆布。那个喜庆的婚礼上唯一使拉宾不开心的是，主持仪式的犹太教士拉比迟迟不到，急躁的他恼火地说：“怎么搞的，要知道这是我的终身大事，他摆什么臭架子！”

结婚之后，拉宾全身心地投入到第一次中东战争中，率领部队于1948年10月15日诱使加沙－内格夫的埃及军队开枪，借此越过边境直抵西奈首府阿里什，26岁的拉宾崭露头角，跃升“哈雷尔”旅旅长，停战后又转任内格夫旅旅长。1949年他作为以色列国防部代表团成员参加了在罗得岛举行的埃以停战谈判，与埃及签订了停战协议。

1950年拉宾升任国防军的作战部部长，此后在军界升迁很快，至1964年已升至以色列国防军的最高指挥官——总参谋长。1967年爆发“6·5战争”，拉宾亲临前线组织指挥，率领以军仅用6天时间就打败了所有邻国，占领了西奈半岛、约旦河西岸、戈兰高地以及加沙地带，相当于以色列国土3倍多的他国领土，从而被以色列公认为“6日战争”的“民族英雄”。战争结束，他于1968年出任驻美大使4年。回国后从政当过劳工部部长，1974年当选为工党领袖，并出任总理，其间经过许多考验和磨难，1977年重新大选后下台。直至1984年9月复出，担任以色列联合政府的国防部部长。1992年他再度成为工党领袖，并第二次出任总理。

在40多年的军旅政坛生涯中，无论驰骋战场还是角逐政界，利娅都是拉宾的第一个支持者。在家庭和个人许多重大决策前，利娅也起着关键作用。因此，拉宾深深地懂得，没有利娅的支持，就没有他的成功。在利娅面临困境时，他挺身而出，极力地保护她。1977年3月，拉宾和利娅刚从美国回到以色列，有人在《国土报》上揭露利娅在美国一家银行有外汇存款。虽然这笔仅有2000美元的存款是利娅在国外4年生活中节省下来的钱，但按当时以色列法律是不允许的，为此当时法庭要审讯利娅，拉宾坚持出庭陪伴利娅。朋友苦口婆心劝阻他说，一旦他出庭事情就闹大了。拉宾则气愤地说：“不！我不能撒手不管她！我得看看他们能把我怎么样！”利娅也一再

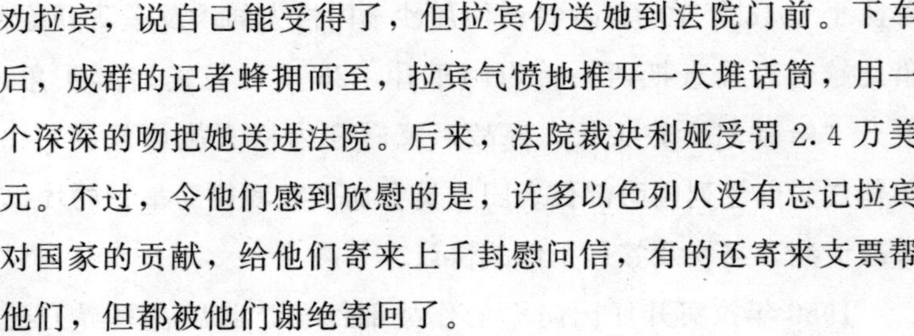
劝拉宾，说自己能受得了，但拉宾仍送她到法院门前。下车后，成群的记者蜂拥而至，拉宾气愤地推开一大堆话筒，用一个深深的吻把她送进法院。后来，法院裁决利娅受罚 2.4 万美元。不过，令他们感到欣慰的是，许多以色列人没有忘记拉宾对国家的贡献，给他们寄来上千封慰问信，有的还寄来支票帮他们，但都被他们谢绝寄回了。

第五辑　有种嫉妒源自真爱

《塔木德》中说："恋爱是随意的，但嫉妒比随意更坏，因为它连看不到的东西都要看。"犹太人认为情意绵绵的爱人之间产生的嫉妒是爱情的副产品。

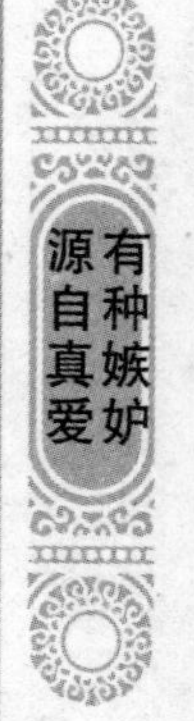

嫉妒是检验爱情的标准

犹太人认为，嫉妒有一千只眼睛。

这句话的意思是，如果一个人在嫉妒的同时又能保持冷静、清晰的头脑，那他实在是非比寻常的人。但是，一般人常常难以做到这一点，尤其是处在恋爱中的人。

因此，犹太人认为，这个世界上恐怕没有任何事情比嫉妒更可怕了。

犹太人还说："因嫉妒而疯狂，是腐蚀到骨头的。如果一个人的嫉妒到了极限，则愤怒不止，如同洪水般地狂泄，以致无法控制。"

因此，犹太人不赞成人和人之间产生嫉妒。但是，犹太人所说的嫉妒并不包括情意绵绵的人之间产生的嫉妒。他们认为，这时候的嫉妒是爱情的副产品。如果嫉妒的火焰全部熄灭的时候，也就是恋人双方情意已尽的时候了。所以，犹太人对此有更好的解释：“不吃醋的情人，并不是真正从心底里爱你。”

看情人吃不吃醋，是犹太人检验爱情的一个标准，也是犹太人爱情智慧中的又一个重要方面。

第六辑　犹太人的学习精神

《塔木德》中说："为了爱把一切献出来的人是最可贵的。"

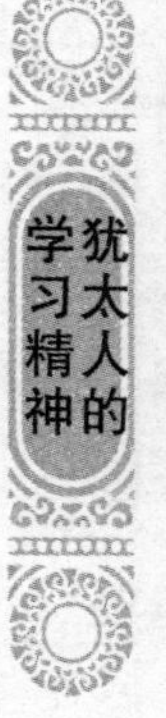

精打细算

犹太人的精打细算是出了名的。不用等账单送来，他们在心里已经把数目算出来，精确到个位，所以想给他们报假账比登天还难。

约翰曾交往过这样一个女友，分手时女友给约翰亮出一个小本子，上面是她为约翰所有花费的明细，小到一杯咖啡（她等约翰时买咖啡，约翰应该负担一半，因为如果不来等约翰，她就不必花钱买这杯咖啡），大到一件羽绒服（那是送给约翰的生日礼物，约翰受用，当然应该由约翰来付账），另外还有两笔旅行费用（是她追求约翰时自作主张给约翰报名，硬把约翰拉去，自然应该和约翰分摊费用）。总而言之，算来算去，约翰应该还她一万元。

她还理直气壮地说："如果我们一直交往下去，自然不必算账。现在既然已经分手，就不应该遗留经济问题。"看着账单，约翰目瞪口呆。他把账单一次还清后，在很长的时间内患有“女性恐惧症”。

学习是神圣的使命

《塔木德》中说，把书本当作你的朋友，把书架当作你的庭院，你应该为书本的美丽而骄傲，采其果实，摘其花朵。犹太人就把这样的箴言一代代地传递给他们的后世子孙，告诉他们一定要勤奋读书。

学无止境

《塔木德》中有这样一些话：

“对于像孩子那样学习的人，我们把他比作什么呢？就像用墨水在干净的纸上书写。”

“对于像老人那样学习的人，我们把他比作什么呢？就像用墨水在破旧不堪的纸上书写。”

“世界只为了学童们的呼吸而持久存在。”

“学童们决不能忽视他们的学业，即便是为了建筑神庙也不行。”

“没有学童的城市终将衰败。”

在犹太人看来，不管一个人到了多大岁数，也不论他有多么贫穷，只要他是人，就应该学习。因此，犹太人认为人们可以通过学习保持“青春”，保持年轻的心态，还可以通过学习获得财富，获得精神上的富足。

只要活着，犹太人总是不停地学习，因为对犹太人来说，学习是一种神圣的使命。犹太人认为到达天国以前，人必须要不断地学习，即使是最伟大的拉比也不例外。学问的追求是永无止境的。所有的犹太人一向秉持着这样一种观念：肯学习的人比知识丰富的人更伟大。

犹太人的学习精神

犹太人爱读书，爱买书，爱写书。

在犹太人的国家，无论是在街头巷尾，无论是在车站，还是广场，专心致志读书的人随处可见。在每个家庭里，书房是必不可少的。

犹太人在休息日，所有的商店、饭店、娱乐场所都停业，交通全部中断，每个人都必须在家中“安息”和祈祷，严禁走亲访友，但有一点是允许的，那就是读书和买书。倘若你从阳台上向下看，会发现海滩上空空荡荡，大街上寥无人迹，只有书店营业，每个书店中都挤满了人，没有大声喧哗，人们都在静悄悄地看书或购书。

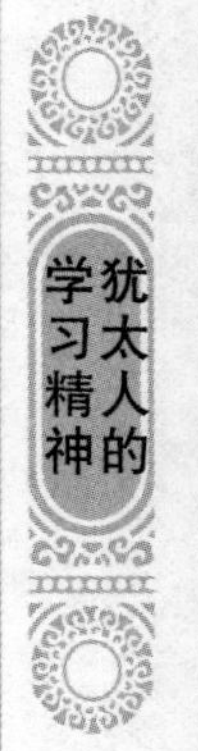

每个书店都生意兴隆，人们对书的酷爱似乎胜于财富。书店中各种观点的书一应俱全，从最为深奥的哲学著作到最通俗的大众读物，都有各自的读者群体。

在街头的报亭里，可以买到昨天出版的西方各种大报，如《世界报》《纽约时报》等。

犹太人除了希伯来母语之外，大多数人都能讲流利的英语，全国有近 30 家报刊分别用 15 种文字出版，出版社与图书馆的数量居全球之首，仅有 500 万人口的国家竟有近 900 种刊物。每种刊物的定价都很昂贵，即使最节俭的犹太人家庭也要订阅几种期刊或者报纸。购买书报是每个犹太家庭中的重要支出。

在犹太教中，勤奋好学不只是仅次于敬神的一种美德，而且是敬神本身的一个组成部分，这种宗教般虔诚的求知精神在商业文化中渗透，内化为犹太人孜孜不倦、探索求实、锐意进取的创新意识。他们孜孜以求地在知识海洋中积累的丰富知识，又对形成犹太人所特有的谋略与智慧发挥文化滋养的作用。可以想象，一个目不识丁的人或知识贫乏者在世界舞台上根本不会有运筹帷幄的智慧。

天窗上的人

名垂千古的西勒尔年轻的时候，抱着一个很大的希望，就是专心致志研究《塔木德》。可是他没有足够的时间，也没有充裕的金钱，他的愿望显得遥不可及，因为他实在太穷了。

他左思右想之后，终于发现了一个可以完成心愿的办法：拼命地工作，靠一半薪水生活，把剩下的钱送给学校的看门人。

“这些钱给你，”西勒尔对看门人说，“不过，请你让我进学校听课，我很想听听贤人们在说什么。”

几天之内，西勒尔就靠这种办法听了不少课，可是他的钱实在太少了，到最后他连一片面包也买不起。这时候，让他感到难受的并不是饥饿，而是看门人坚决地拦住他，不再让他踏进学校一步。

怎么办呢？他终于找到一个好办法。他沿着学校的墙壁慢慢爬上去，然后躺在天窗边，可以清楚地看见教室里上课的情形，也可以听到教师讲课的声音。第二天，学生们照常到学校去上课，屋外阳光灿烂，可是屋里却很黑。学生们很纳闷，为什么这么暗？

原来，西勒尔躺在天窗上，身上积了一层白雪，已经被冻得半死。他在天窗上已经躺了整整一夜了。

从此以后，凡是有犹太人以贫穷或者没有时间为借口不去求学，人们就会这样问："你比西勒尔还穷吗？你比他还没有时间吗？"

失明的"读书冠军"

犹太人约瑟夫·普利策是美国著名的报业家和新闻学者。早年他白手起家，先后购买了《西方邮报》《圣路易斯快邮报》和《纽约世界报》，并对它们进行一系列改革，使它们成为当时美国首屈一指的大报。他还捐资兴办了美国第一所新闻学院——举世闻名的哥伦比亚新闻学院，以他的基金并用他的名字命名的普利策新闻奖是美国最高新闻奖，驰名世界。

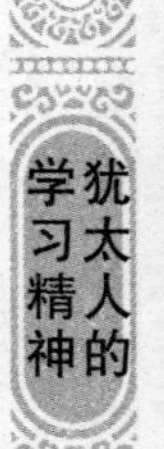

作为媒体大亨，约瑟夫·普利策的消费方式有着犹太人的特点，讲究经商享受两不误。他的后半生大部分时间都是在世界各地的旅行中度过的。他的晚年虽然双目失明，但仍然勤奋好学。

在普利策后半生的旅行中，他总是乘坐豪华、舒适的船只和游艇，带着秘书和随行人员，穿越世界各大洋，到世界各地漫游。他喜欢清新的空气和浩瀚无垠的海洋，他已习惯了在狂风巨浪中接受颠簸，习惯了在水天相搏中体会人生……他对大海产生了浓厚的感情，为了能够长期与大海结伴，他专门为自己建造了一艘豪华的大游艇，成了他后半生的一个重要居所。

约瑟夫·普利策拥有大量的财富，因此，他能过得比一般人更舒适些。从清早到深夜，从起居饮食到其他事务，都有众多仆人和六七个秘书轮流为他服务。秘书们陪他散步、兜风、

听音乐会，为他口述、记录、传达命令，而且只要有空闲，他就让秘书们轮流给他用英语、法语、德语，读小说、报纸、剧本。这样的日子年复一年，这位双目失明的老人逐渐成为“读书”冠军。

据不完全统计，21 年中，约瑟夫·普利策的秘书每年平均要给他读 100 本左右的书。这些书无疑都为普利策的财富增长贡献了力量。

在知识经济时代的今天，学习已不再是学生的事，而是每个社会自然人自发行动去做的事。一个意识不到充电重要性的人，早晚都会被社会淘汰。

知识是享用不尽的财富

《塔木德》中说：“葡萄长得越丰硕，就越会低下头来。同样，越智慧的人，越懂得谦虚。”

犹太人普遍注重学习文化知识。他们认为“书中自有黄金屋”，所以不管条件怎么恶劣，他们都教育和供养自己的子女读书。有的犹太人因家庭经济条件不允许，则半工半读坚持读完大学。更有突出者，则利用业余一切时间学习科学知识和技术。

为什么犹太人那么注重学习呢？因为他们坚信知识就是力量，知识不是人类天生具有的，只有付出努力和代价才能得到。犹太人每天辛勤地学习，使他们的知识文化水平高人一等，使他们在各行各业处于领先优势。

犹太人认为，没有知识就没有智慧，没有智慧就不可能成为成功的商人。犹太人尊重有文化、有修养的人，对没有文化、没有修养的人最看不起。

很多犹太商人都学识渊博、头脑机敏。他们认为，拥有知识胜过拥有财富，智慧是致富的武器。他们希望用自己的智慧获取巨大的财富，这就是犹太民族比其他民族更重视教育的原因。

知识是最可靠的财富

在犹太人中流传着这样一则故事。

一艘船在海上航行，船上坐着许多腰缠万贯的大富翁和一位穷困潦倒的拉比。在言谈中，富翁们情不自禁地炫耀自己的巨额财富，互相争执得不可开交。这时，穷困的拉比说出了自己的高见：“要论财富嘛，还是我最富有，只是现在我还无法证明这一点。”好像冥冥之中果真有上帝安排一样，航行途中，一群海盗无情地袭击了这艘船，富翁们的财富被洗劫一空，个个都成了身无分文的穷光蛋。海盗离去之后，这艘船因为缺乏继续航行的资金不得不停泊在一个港口。船上的乘客都下了船，只能依靠自己的能力谋生。这位拉比因为拥有知识，被当地的居民请去当教师。在他们眼里只有高尚而幸运的人才能从事这个职业。那些与拉比同行的富翁却朝不保夕，艰难度日。后来，富翁们由衷地告诉拉比：“还是你说得对，拥有财富的人会一夜之间失去一切，而拥有学问的人会永远富有。你拥有学问就等于拥有了一切。”

“知识是最可靠的财富”“是唯一可以随身携带、终身享用不尽的资产”。一个人如果想拥有财富，就必须先拥有知识。

第七辑　教育是未来的主导

《塔木德》中说："只因有了活泼可爱的学生，世界才得以万世长存。一定不能使学生耽误了学习，即便是为了修筑庙宇。没有学生的城镇终将毁灭。"犹太人认为一个人的成材不在先天，而在后天的教育。

教育是对自我发展的投资

我们认识到知识是一种美好的东西，它是改变我们命运的力量，并能扩大我们的视野。

教育是获得知识的一个重要的途径。

一位犹太老板说："我们最感兴趣的是能力，不是文凭。"

学位或者文凭也许能帮助你找到一份好工作，但它不能保证你在工作上取得成绩获得进步。我们知道商业最注重的是能力，而不是文凭。

真正的教育，值得你去投资的教育，是能让你获得真正的知识、能开发你的潜力的教育。一个人受教育的程度如何，要看他的大脑得到了多大程度的开发，而这最直接的办法是看他的工作能力。

犹太教育家塞雷格说："教育使我们获得知识与能力，改变我们的思维与命运，这是我们接受教育的真正目的。不论用哪种方式，只要能让我们获得这些，就值得投资。"

"教育是一项真正的交易。"

进行教育上的投资会让你获得很多的好处：教育可以让你的头脑充实，可以训练你的头脑适应千变万化的各种情况，并且能帮助你解决各种难题。

一位叫彼得·F·德鲁克的犹太学者说过这样一段话：

"知识已成为生产力、竞争力和经济成就的关键。知识已经成为首要产业，这种产业为经济提供必要的和重要的生产资源。"

知识的更新率很高，每个人必须充分运用自己的有限时间，学习和掌握劳动和生活所需要的知识，并不断更新，才能跟上时代的发展。所以，教育总是要求每一个教育工作者要站在知识的前沿，这样才不至于落伍于时代。

犹太人的博学多识

《塔木德》中说："与一切知识交朋友，也可以从朋友那里学习知识。"

有个西班牙商人，他对犹太商人的经商原则很欣赏，并且尽力地学习，于是取得了不小的成功——他的女式手提包的生意十分红火，并在服饰贸易的经营中也站稳了脚跟。但是他看到犹太人经营钻石更赚钱，于是也想经营钻石。他看到身边不少西班牙人经营的钻石生意很不景气，为了避免遭受同样的结果，他找到世界著名的钻石大王，向他请教。这位钻石大王是博学的犹太商人。

钻石大王听完他的来意，冷不丁地问了他一句："你知道澳大利亚海域有什么热带鱼吗?"

西班牙商人简直是丈二和尚摸不着头脑，心想："钻石大王问这个干吗？这个和钻石生意有关吗?"

看到西班牙商人哑口无言，钻石大王语重心长地说："钻石生意需要丰富的知识才可以做的。你对钻石的来源、历史、种类和品质都不清楚，就更不可能知道它的价值。要掌握这些判断钻石价值的基本经验和知识，就要不断地学习和积累，至少需要 20 年。所有相关的知识你都要了解，才能真正培养出市场的眼光。"西班牙商人听后不禁为自己掌握的知识太少而羞愧不已。他早就知道犹太人是继承了几千年祖先留传给他们的经验，加上最新的知识才拥有了这样丰富的学识，他们要赢得顾客的尊敬和信任，没有一二十年的学识和良好信誉是根本不可能做到的。他自知没有这么广博的知识，便自觉地退出了钻石行业。

犹太人认为，一个钻石商人需要精明的头脑，对于连大西洋有哪些鱼类都了如指掌，可见对钻石的业务知识也同样相当熟悉，那么对钻石种类的了解肯定也是全面、周到的，和这样的商人合作肯定能赚钱。你看，这就是犹太商人的奇怪逻辑。

学识广博的人就可以放眼世界，能站在经营大师们的肩膀上俯瞰脚下的财富。学识浅薄的人无论自己的见识，还是处理问题的能力，很难使他们在商业活动中站稳脚跟。

第八辑　智慧就是财富

《塔木德》中说："即使是敌人，当他向你借书的时候，你也要借给他，否则，你便是书本的敌人。"犹太人认为，书就是他们获得一切智慧的根源，也是获得一切财富的来源。

智慧是人生无价的财富

《塔木德》中说："深井中的水是抽不完的，浅井一抽便见底。"

犹太人追求知识，是因为他们认为，知识是唯一的、永远也夺不走的财富。在这个世界上，除了知识之外，什么都不重要。世俗的权威、利益不重要；财富不重要；只有知识才是最重要的。权威需要受到人们的拥戴和支持才能形成，财富会随着时间慢慢发生变化，而知识是不变的，它是一个人生存和发展的可靠保证。

生在犹太家庭里的孩子，在他们的成长过程中，负责启蒙教育的母亲几乎都要求他们回答一个问题：

“假如有一天你的房子被烧了，你的财产就要被人抢光，你将带什么东西逃命？”

孩子们少不更事，天真无知，自然会想到能购买一切的钱，因为没有钱哪能有吃的穿的玩的？

也有孩子说要带着钻石或者其他珍宝出逃，有了它，还愁缺啥？

可这些显然不是母亲所要的答案。

然后她再问：“有一种没有形状、没有颜色、没有气味的宝贝，你们知道是什么吗？”要是孩子们回答不出来，母亲就会说，“孩子，你要带走的不是钱，也不是钻石，而是智慧。因为智慧是任何人都抢不走的。你只要活着，智慧就永远跟着你。”

在聪颖、精明的犹太人眼里，任何东西都是有价的，都能失而复得，只有智慧才是人生无价的财富。

有很多关于犹太人的事例，验证了知识的永久价值。知识已经成为犹太人生活中最宝贵的东西了。

真正的智慧

《塔木德》中说：“生活困苦之余，不得不变卖物品以度日，你应该先卖金子、宝石、房子和土地，到最后一刻，仍然不能出售任何书本。”

如果只有学问，那是不能生存的。所以，我们要放开手让我们的孩子学会独立生存。这种自由正是犹太人给自己孩子们的最好礼物。犹太人的孩子都是在生活中不断体验、实践的基础上，找到自己一生的发展方向。

有这样一个故事。多年以前，在集中营里，一个犹太人对他的儿子说：“现在我们的财富就是智慧，当别人说一加一等于二的时候，你应该想到大于二。”纳粹毒死几十万犹太人，他们父子却活了下来。

1946年，他们来到美国，在休斯敦做铜器生意。一天，父亲问儿子一磅铜价格是多少，儿子答“35美分”。父亲说：“对，整个得克萨斯州都知道每磅铜的价格是35美分，但作为犹太人的儿子，应该说3.5美元。你试着将一磅铜做成门把手看看。”

20年过后，这位父亲死了，儿子独自经营铜器店。他做过铜鼓，做过瑞士钟表上的簧片，做过奥运会奖牌，曾把一磅铜卖到3500美元，这时他已是麦考尔公司的董事长。然而，真正使他扬名的，却是纽约州的一堆垃圾。

1974年，美国政府为了清理因自由女神像翻新扔下的废料，向社会广泛招标。几个月过去了，没人应标。正在法国旅行的他听说后，立即飞往纽约，看过自由女神下堆积如山的铜块、螺丝和木料后，未提任何条件，当即就签了字。纽约许多运输公司对他的这一愚蠢举动暗自发笑。因为在纽约州，处理垃圾有严格规定，如果弄不好会受到环保组织起诉。

就在一些人准备看这个犹太人的笑话时，他开始组织工人对废料进行分类。

他让人把这些废铜熔化，铸成小自由女神；把那些水泥块和木头加工成底座；又把废铅、废铝做成纽约广场的钥匙。最后，他甚至把从自由女神身上扫下的灰土包装起来，出售给花店。不到三个月的时间，他竟把这堆废料变成350万美元现金，每磅铜的价格与他购买时的价格，整整翻了一万倍！

在这些聪颖、精明的犹太人眼里，任何东西都是有价的，都能失而复得，只有智慧才是人生无价的财富。犹太人并不是天生比任何种族的人聪明，而是他们懂得怎样铸造这枚无价的“金币”。

第九辑 学校——犹太民族生命之水的源头

《塔木德》中说：“有知识的人拥有一切，而没有知识的人拥有什么呢？”学校是育人的地方，在犹太人心目中，长期占据着非常重要的地位。

学校在，犹太民族就在

伟大的拉比约哈南曾说过这样的话：“学校在，犹太民族就在。”

从犹太人对教育的重视和对教师的敬重，任何人都不难想象教育的场所——学校，在犹太人生活中具有何等地位。

犹太人之所以特别重视学校的建设，除了他们具有那种“以知识为财富”的价值取向之外，更高层次上，还因为在他们看来，学校无异于保证犹太民族生命之水长流的源头。

公元 70 年前后，占领犹太国的罗马人肆意破坏犹太会堂，图谋灭绝犹太人。面对犹太民族的空前浩劫，约哈南殚精竭虑，想出一个阻止方案，但他必须亲自去见包围耶路撒冷的罗马军队的统帅韦斯巴罗。

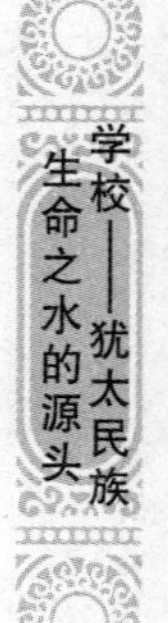

约哈南假装生病要死，才得以出城见到韦斯巴罗。他沉着地说道："我对阁下和皇帝怀有同样敬意。"

韦斯巴罗一听此话，认为约哈南侮辱了他们的皇帝，做出要惩罚他的样子。

约哈南却以肯定的语气说："阁下必定会成为下一位罗马皇帝。"

韦斯巴罗终于明白了约哈南的话，很高兴地问他来此有何请求。

约哈南回答道："我只有一个愿望，给我一个能容纳大约10个拉比的学校，永远不要破坏它。"

韦斯巴罗说："好吧，我考虑考虑。"

不久以后，罗马的皇帝死了，韦斯巴罗当上了罗马皇帝。日后在耶路撒冷城破之日，他果然向士兵发布一条命令："给犹太人留下一所学校！"

学校留下了，留下了学校里的几十个拉比，维护了犹太的知识、犹太的传统。战争结束后，犹太人的生活模式也由于这所学校而得以继续保存下来。

为了达到传承目的，犹太人长期追求的，不仅仅是保留一所学校，而是力图把整个犹太生活的传统和犹太文化的精髓保留下来。从犹太民族2000多年来持之以恒、极少变易的民族节日，到甘愿被幽闭于"隔都"之内以保持最大的文化自由，到复活希伯来语，所有这一切都鲜明地反映出犹太民族的这种独特追求，和这种独特追求中形成的独特智慧。

这种智慧就是对民族文化的高度自信和精心呵护！

因材施教

有一天，动物认为它们必须做件伟大的事，以便迎接所谓

"新世界"衍生的问题，所以它们创建了一所学校。

学校内教授的课程包括跑步、爬行、游泳及飞行。为了方便管理，所有动物都学习每一项课程。

鸭子在游泳项目上的表现非常突出，甚至比老师还优秀，但在飞行方面，它的成绩只是刚及格而已，跑步的成绩更是惨不忍睹。因为它跑得太慢，所以放学后必须放弃游泳，留下来练习跑步。它持续地练习，直到它的蹼都磨破了，仍然只有游泳一项及格。但是及格标准只适用于学校，所以除了要上学的鸭子外，没有人在乎这件事。

开始时，兔子跑步的成绩在班上名列前茅，但不久后，它便因为游泳成绩太差患上神经衰弱。

小松鼠本来在爬行课程上表现优异，直到有次上飞行课时，老师要求它从地面起飞取代从树梢滑落，却造成它心理上极大的挫败感。后来它因运动过度导致肢体痉挛，使它在爬行及跑步课程，只得了 70 分，刚好及格。

老鹰是一个问题儿童，因此被严厉惩罚。以爬行课程为例，它不但打败其他同学先到树顶，同时还坚持用自己的方式。

一学年结束后，一只在游泳、跑步、爬行方面表现极佳，而且稍微具有飞行能力的奇特鳗鱼，平均分数最高，成为毕业生代表。

土拨鼠拒绝入学，同时也反对纳税，因为学校未将挖掘列入课程，它们将自己的小孩送到獾的培训机构学习、后来土拨鼠及地鼠也纷纷加入，成立一个成功的私立学校。

在某种程度上，学校仅仅是一条标准化生产线，很多工作还需要家长根据孩子的特长因材施教。

要教育人，第一是学校，第二是学校，第三还是学校。完善的教育会使学生在身体、智力、道德方面得到充分的改善。

第十辑　巍峨的高山——教师

《塔木德》中说："如果父亲和老师都挑着沉重的担子，应该先帮助老师后再帮助父亲。"犹太民族就是这样一个尊师重教的民族。

老师的责任

犹太人很讲究教育的艺术。

他们有句名言："要按孩子该走的路来充分地训练他。"

犹太人认为，一个孩子在学习《圣经》上有进步，而在学习《塔木德》上没有进步，那么就不能试图通过教《塔木德》来推动他进步。如果他看得懂《塔木德》，就不要逼他学习《圣经》，要在他熟悉的事情上训练他。

在教育孩子时，拉比们认为，如果老师教的课学生不理解，那么，老师不应该大发脾气或对学生们发火，而应该反复教授，直到学生们完全理解并掌握为止。

在学习过程中，犹太人认为，一个学生在听好几遍课之后才能掌握所学的知识，他不应该在那些只听一两遍就能掌握的同学面前感到羞愧。因为这个学生的不理解，只能是课程本身就难，或者由于他们智力不足的表现。但如果学生在学习时粗

心大意和懒惰，那么老师就应该斥责他们，用责备的话羞辱他们，并由此激励他们。这就是老师的责任。

只有不合格的老师，没有教不好的学生

犹太拉比认为，教育学生要常常把左手放开，但右手必须紧紧地抓住，不能像约书亚那样，把学生的双手都放开了。

有一次，约书亚从亚历山大到耶路撒冷，路上经过一个小酒店，酒店的主人对他异常尊重。

“这个酒店可真漂亮啊！”他说。

“我的主人，她的眼睛太小了。”他的学生说道。他在评价酒店的老板娘。

“缺德的家伙！”约书亚骂道，“这就是你满脑子想的吗？”

于是，约书亚吹起牛角，将学生逐出门墙。牛角是在将学生逐出门墙仪式上吹的。

可怜的学生多次请求约书亚：“收留我吧！”但约书亚拒绝见他。一天，约书亚在祈祷时，这个学生又来了。他这次动了恻隐之心，想将这个学生纳入门墙，于是他向这个学生打个手势，让学生等他祈祷完毕。

这个可怜的学生以为又被约书亚拒绝了，于是，他黯然地离开了，转而崇拜月神。

犹太人认为，这是老师的失败，老师是不合格的老师。

敬重老师是发扬崇高品德

犹太民族非常尊敬师长。在希伯来语中，山叫“哈里姆”，双亲叫“赫里姆”，教师叫“奥里姆”，同山的发音非常相似。

犹太人一向认为，双亲和教师都像巍峨的高山，比普通人高出许多。

拉夫曾到过一个城镇，命令那里的人斋戒、祈祷，以此求雨，但雨却没有下。

于是，集会的诵经师便走到藏经龛前大声念诵祈祷书上的话："上帝让风吹。"他话音未落，风立即吹起来。他接着念道，"上帝让雨降下来。"顷刻间，雨便下了起来。

拉夫问诵经师："你做了什么特殊的事迹，才能得到如此丰厚的奖励?"

诵经师答道："我教育孩子们，对穷人的孩子和富人的孩子一视同仁。对于交不起学费的人，我从不收学费。而且，我有一个鱼塘，如果有孩子不想学习，我就给他几条鱼，然后再把鱼从他那里赢回来。这样，他不久就变得好学了。"

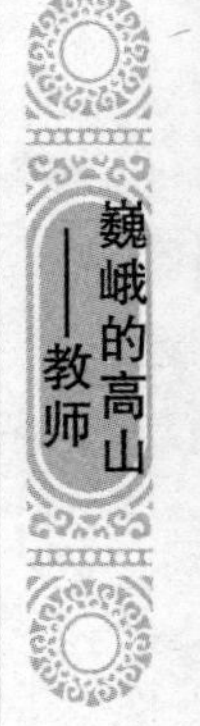

因为师德崇高，垂范后世，也因为上帝奖赏有知识的人，所以犹太民族无比崇敬师长。

拉瓦说："如果你有一个胜任的老师，而另一个老师的能力更强，你也不能把第一个老师赶走而跟第二个老师学习，因为如果那样，第二个老师就会因缺乏竞争而变得懒惰。"但尼哈迪亚的拉夫迪米却说，如果第二个老师被任命的话，他会更勤勉，因为谚语说，"抄写员的嫉妒会增进智慧"。

拉瓦进一步说道："如果有两个老师，一个教课快，但有错误；另一个教课慢而没有错误。那么，我们任命教课快的那个，因为错误随着时间推移会自我修正。"尼哈迪亚的拉夫迪米不同意这种看法："我们必须任命讲课虽慢却不出错的那个，因为一旦一种错误扎根于学生的心中，就永远不能根除。"

一个孩子可以从一个老师那里转到另一个在阅读和语法上更有能力的老师那里，但必须满足一个条件——老师和学生住

在同一个城镇，并且没有被河流阻挡。因此，决不能把孩子送到另一个城镇的学校，甚至不能把孩子送到同一个城镇中隔一条河的学校，除非河上有坚固的不可能倒塌的桥。

教育是一个国家的大事，关系国计民生大计。作为教育的主导者——教师，更应该受到我们尊敬。

第十一辑　坚持不懈，志在必得

《塔木德》中说："善于思考问题，多想问题是聪明人应该做的事情。为了避免出问题，应该全面地看问题。"犹太人善于学习，也同样善于思考。

怀疑的必要性

《塔木德》中说："好问题常会引出好答案。"

可见，好疑问和好答案同样重要。问题提得出人意料，答案也常常是深刻的。没有好奇心的人，不会产生怀疑。思考就是由怀疑和答案共同组成的。

人没有理由对什么事都确信无疑。一旦开始怀疑，疑点便愈来愈多，循着怀疑的线索追寻答案，就可以解答很多迷惑和疑问。

犹太人心理学大师弗洛伊德对犹太人的这种不顺从社会潮流、怀疑一切的态度，这样解释道："因为我拥有犹太人的怀疑和思考习惯，所以我发现自己没有受到错误的影响，而其他人在运用他们智力的时候却受到了不同的限制。作为一个犹太人，我随时都准备反对任何错误的意见。"

大师的这些话，深刻地解释了为什么犹太人在许多领域都

取得很高的成就，主要是因为他们总是用怀疑的眼光看待问题，从来不受社会的既定成见影响。这种怀疑的态度，可以使人摆脱那些对事业毫无帮助的束缚，自由地发挥自己的才智，抓住一切单独思考的机会，取得令人心动的成就。

将问题进行到底

《塔木德》中说："善于思考问题，多想问题是聪明人应该做的事情。为了避免出问题，应该全面地看问题。"

犹太人善于学习，但也同样善于思考。在其经典著作《塔木德》中就曾记载："不去自己思考和判断，就是把自己的脑袋交给别人，让别人帮你看管。"的确，犹太人从不崇拜任何偶像，从不跟随大众的潮流，他们用一种质疑的眼光看待这个世界。

一个犹太人给日本朋友打电话，要借他的车出去旅游。日本人知道他第一次来日本，对什么都不了解，于是热情地说："你要游览东京的名胜古迹，我当你的义务向导怎么样？"

然而，犹太人却回答："谢谢你的一番好意，不过我想用不着了。因为我对东京一带游览区的情况都有充分的了解，我还买了地图和观光指南之类的书，有这些就足够了。"

几天以后，犹太人回来了，把车还给日本朋友，并请他共进晚餐。在进餐的时候，犹太人便开始提出了一连串他不了解的问题。

"为什么日本人的裙子非要用白布做呢？白色不是很容易脏吗？

"日本男人外出应酬时不穿和服，为什么回到家中反而穿和服呢？

“为什么你们要用筷子吃饭而不用勺子呢？是不是你们的祖先太穷了？”

……

日本朋友被这些问题搞得晕头转向，因为日本人不会对每一件事都问得十分详细，更不会知其然就必须知其所以然。

犹太人非常喜欢提问，因为他们认为，思考是求得智慧的前提条件。不会思考的人，肯定不会学习。思考让人懂得为什么要去做一件事情，做这件事情对自己有什么好处。他们从来不认为提问题是一种无知的表现。谁懂的知识比他多，他们就请教谁。这种有问题必提的习惯，使犹太人积累的知识越来越多。

一个人的知识越多，懂得越多，就越会产生怀疑，就越觉得自己无知。怀疑是学习的钥匙，能开启智慧的大门。求知的欲望是不懈学习、探求的动力，怀疑让自己不断进步。

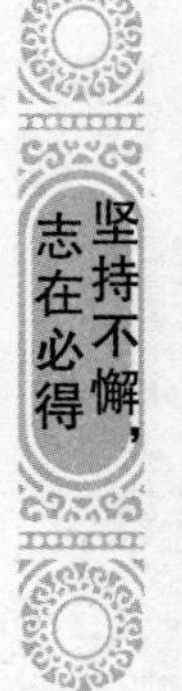

第十二辑　孩子的早期教育

《塔木德》中说："对于学习中的孩子，我们把他们比作什么呢？就像用墨水在洁净的纸上书写。世界只因有了孩子们的呼吸才持久存在。孩子是未来，是希望。"

孩子的早期教育

《塔木德》中说："对于学习中的孩子，我们把他们比作什么呢？就像用墨水在洁净的纸上书写。"

"世界只因有了孩子们的呼吸才持久存在。"

"没有学童的城市终将衰败。"

"有学童而不教育的家庭，必将是一个贫穷的家庭。"

孩子的童年决定他的终生。这在犹太人中是一个至理名言，在现实中也是不争的事实。当然，也有人认为，人的一生很复杂，很漫长，充满各种各样的际遇与偶然性。如何将孩子打造成对社会有用的人，是所有父母都必须面对的问题。

一个人是天才还是庸才，究竟取决于天赋还是教育？这是一个在许多民族中都存在争议的命题。但在犹太人中，这个命题却没有争议。他们认为一个普通的孩子，只要教育得法，也能成为杰出的人。

伟大的科学家犹太人爱因斯坦在儿时，并不是十分聪明的孩子，天赋也不算高，4 岁才开始说话。在小学时因为学习成绩不好，老师曾要求他退学。在他的家庭中，母亲对他的音乐熏陶和叔父对他进行的数学启蒙，培养了他杰出的形象思维能力，使他最终成为伟大的科学家。

在很多人的头脑中有这样一种概念，认为孩子成长得好，是因为天赋高；孩子不成功，就怪罪先天不足，而不是去追究父母在教育方面的失职。

很多成功的教育事例说明，对孩子的教育越早越好。

给孩子一把希望的钥匙

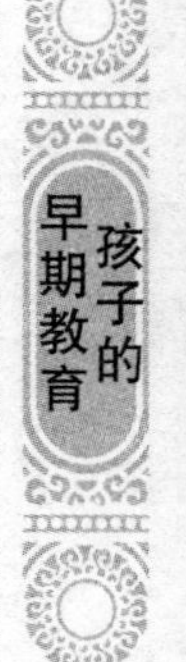

犹太著名教育家约瑟认为，我们的大多数孩子都有一个通病，就是一旦发现自己缺少特殊的才能，就以为努力也是枉然。但是有许多的孩子在父母的鼓励下，纵然没有什么特殊才能，依然获得了成功。

这是为什么呢？原因就在于这种孩子的自信心要高过一般的孩子，在父母的鼓励下，能以信心作为支撑去努力奋斗，取得成功。

表演家蒙西雷德出生在贫民窟，人人都认为他是一个不可造就的孩子，可他的母亲一直对他寄予厚望，时常鼓励他说："千万不要忘记你是犹太人，凡是犹太人都一定能出人头地。"他后来回忆说："就是母亲的这句话，才让我有了今天的成就。"

人的成长过程是一个不断追求的过程，而追求就会有达到或达不到两种结果。当达不到某个目标时，人就会产生挫折

感，这种挫折感一旦向消极的方向发展就会变得自卑。孩子的学习也是一样。当孩子见到自己的成绩比别的同学差，有时不是从方法、勤奋等方面找原因，而是进行简单的自我否定。自我否定之后，先是自惭形秽，接着就是自暴自弃。他们往往根据局部的比较产生自我认知，认定自己是天生的卑劣者。

因此，科学的方法是把孩子的自卑感降到一定程度，使之转化为一种行为补偿的刺激，从而使自卑的孩子有所建树。

教会孩子坦然面对生活

《塔木德》中说："别那么垂头丧气地折磨自己。快乐使人长寿，使生活有意义。知足常乐，别总是忧心忡忡。忧愁对人没有什么好处，它毁了好多的人，会使人未老先衰。嫉妒和愤怒也将缩短你的寿命。性格开朗的人食欲旺盛，吃什么都合口。"

让孩子坦然地面对生活，父母就要帮助孩子改掉喜怒无常的坏情绪。

很多家庭中的许多孩子都有喜怒无常的毛病，纵然他们在学习上是优秀的孩子，可情绪极不稳定，不能长久地保持良好情绪。高兴时欣喜若狂，愤怒时怒发冲冠，激动时肆意妄为，伤心时悲痛欲绝；性格刻板，缺乏弹性，不能根据一定的事件、环境和对象表现出相应的情绪。为什么孩子会这样？是因为孩子想吸引大人的注意，以及父母对孩子的过度关注所引起的。

比如生活中孩子伤心时，父母赶紧安慰，哭叫时父母立即迁就，激动时马上安抚，犯错误时马上惩罚。在遇到这样问题的时候，关键是减少对孩子不良行为举止的过分关注。当孩子出现这类行为时，父母装作什么都没有看见，做到视而不见、听而不闻，或者是用其他方法转移他的注意力，这样就会使他的情绪逐渐平稳下来。

犹太母亲蕊切曾这样描述他的孩子：

“我的孩子是全班中成绩最好的学生，每次总考进前三名，可就是脾气太大。邻居家的孩子想玩一下他的玩具，他一定得要回来，怕他们搞坏自己的玩具；他喜欢的孩子来了，他就高兴得在地上打滚，手舞足蹈，以此来表达自己的兴奋之情；如果他喜欢的孩子要走，他就痛苦得哽咽不止……”

上面这位犹太母亲描述的就是典型喜怒无常的孩子。当然，有些孩子的自尊心很强，性格倔强，不容易妥协，不肯认错，特别是到了两三岁时，有了自己的思考、想法与爱好，这种现象表现得就更为明显了。

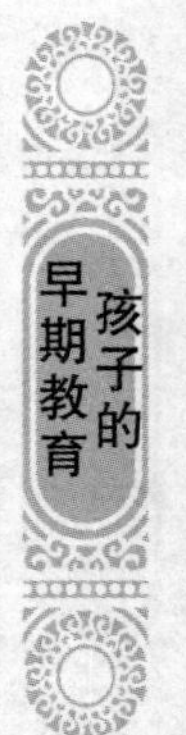

孩子闹情绪的时候，要给孩子一点调整情绪的时间，让他有改正错误的心理准备，知道下一步怎么办，这样他就比较容易接受安排。父母也不要太在意自己的尊严，不能在孩子触犯自己的尊严时表现得特别激动，否则就会使结果难以控制。彼此的情绪波动太大，解决矛盾就更难了。

让孩子从小就具有忍耐力

犹太教育家彼尼德罗认为，对孩子进行适当的忍耐训练，是培养孩子专心致志的最好方法。

犹太人朱赫尼恩曾试用这种训练方法，他说他的孩子只爱看电视和玩游戏，对书本根本不感兴趣。他说：“一天，我拿着一个沙漏，告诉孩子这是古代的计时器，也就是古代的钟表，里面的沙子全部漏下去时，正好三分钟。我的孩子很想玩

这个计时器。我就对他说，以沙漏为计时器，和爸爸一起看书，每次三分钟为限。孩子听到我这个建议，很高兴地答应了。他果然静静地坐下来听我给他讲故事。但事实上他根本没有专心看书，而是一直在看那个沙漏。三分钟一到，他便跑出去玩。

“我没有气馁，决定多试几次。

“数次之后，孩子的视线渐渐由沙漏转移到故事书上。虽说是三分钟，但三分钟之后，因为故事情节吸引他，他听得特别入神，便要求延长时间，但我坚持‘三分钟’的约定，不肯继续讲下去。孩子为了早一点知道故事情节，自己就主动阅读了。”

从上面这个例子中，朱赫尼恩就是用了一种循序渐进的训练，对孩子进行潜移默化的教育。实际上他是通过孩子感兴趣的东西，让孩子的注意力在一定时间内专注于某一对象，时间一久，孩子就养成习惯，同时也提高了孩子的注意力与自制力。

犹太教育家认为三分钟正好适合孩子的生理特点，三分钟之后立即打住，既让孩子觉得父母守信，同时也利于培养孩子的好奇心，引发了孩子主动学习的动力。当然，父母要有耐心和恒心，不要试一两次之后觉得没有效果就自动放弃，这样是十分可惜的。其实培养孩子耐心的同时，也在考验父母的耐心。

从小就对孩子进行理财教育

《塔木德》中说：“在这个世界上，没有什么比贫穷更糟糕的事了——它是一切痛苦中最可怕的。一个被贫穷压榨的人，就像一切诅咒都在他身上应验一样。”

犹太人给孩子讲理财之道，是他们对孩子教育的一个热门的话题。他们坚持对孩子进行理财教育，在教育中注意针对孩子的身心特点，按不同阶段，由浅入深，培养理财观念，学会挣钱和节俭。

犹太孩子理财教育主要是通过学校、家庭、社会三个途径进行，要求孩子达到这样的目标：

1. 3 岁时，能够辨认硬币和美元纸币。

2. 4 岁时，知道每枚硬币是多少美分，认识到我们无法把商品买光，因此必须做出选择。

3. 5 岁时，知道基本硬币的等价物，知道钱是怎么来的。

4. 7 岁时，知道找开数目不大的钱，能够数大量的硬币。

5. 8 岁时，能够通过做额外工作赚钱，知道把钱存进储蓄账户中。

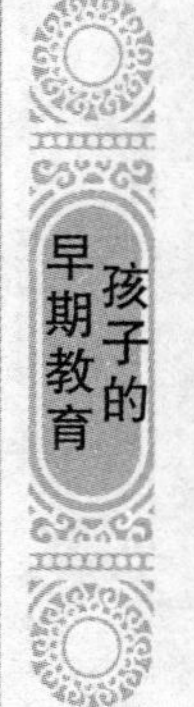

6. 9 岁时，能够制订简单的一周开销计划，购物时知道比较价格。

7. 10 岁时，懂得每周节省一点钱，以备大笔开销使用。

8. 12 岁时，能够制订两周开支计划，懂得正确使用银行业务中的术语。

犹太人认为，对孩子这样的教育是百利而无一害的，因为不让孩子从小掌握理财知识与投资事务，就会被生活抛弃。

犹太拉比犹大说：“关键不是你能够挣到多少钱，而是你能留下多少钱，你能让钱怎样努力地为你工作——就是理财。”

孩子的童年决定他的终生。这在犹太人中是一个至理名言，在现实中也是不争的事实。

第十三辑　金钱——犹太人的护身符

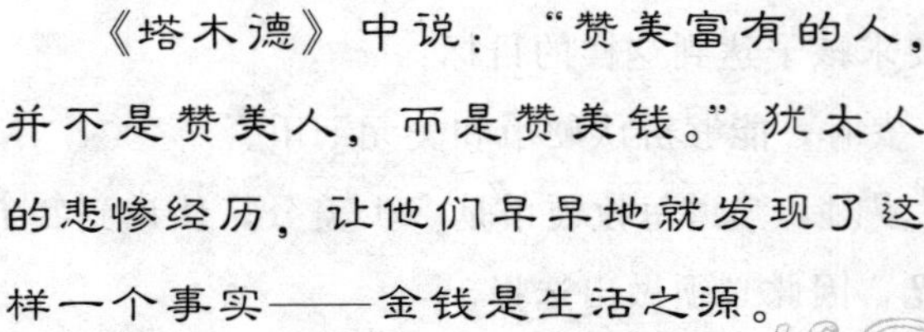

《塔木德》中说："赞美富有的人，并不是赞美人，而是赞美钱。"犹太人的悲惨经历，让他们早早地就发现了这样一个事实——金钱是生活之源。

金钱是生活之源

历史上，犹太人数次惨遭灭国之祸，他们被迫流亡到世界各个国家。但是无论到了哪个国家，哪个国家的人都歧视他们。犹太人要想在当地生存，就必须要缴纳各种高额的税金和说不清楚的捐税款，甚至他们日常生活中的一举一动都要受制于他们所纳的捐税款。信奉同一宗教的人一起祈祷要纳税，结婚要纳税，生孩子要纳税，连给死者举行葬礼也要纳税。他们稍有疑义，别人就说他们是吝啬鬼。假如他们少缴了什么税金，立即就会遭到驱逐和屠杀。

他们时刻生活在动荡中，各种灾难和迫害随时都会降临，而只有金钱可以给他们提供一点保护，让他们感觉到安全。当他们哪天遭到各地统治者驱逐的时候，金钱就可以换取别人的收留和保护；当地人发起反犹暴乱的时候，他们可以用金钱贿赂而求得一条生路；他们外出做生意的时候遭到土匪抢劫，钱可以赎回他们的生命。钱是他们必不可少的东西。金钱对于犹太人来说，是他们能看得见的、摸得着的、实实在在的“上帝”，是可以永远保护他们、让他们平安的“上帝”。

金钱让当地的人们不敢小看他们，也让当地的政府对他们恭敬。金钱，让世间的权势都匍匐在它的脚下，让犹太人真正地能够站立起来，重新获得世人对他们的尊敬。

在这种情况下，获取钱财成了犹太人的一种条件反射式行动，就像手还未碰上眼珠，眼睛就必须先行闭合那样的一种本能。犹太人只好想尽一切办法赚钱，让自己变得富有。

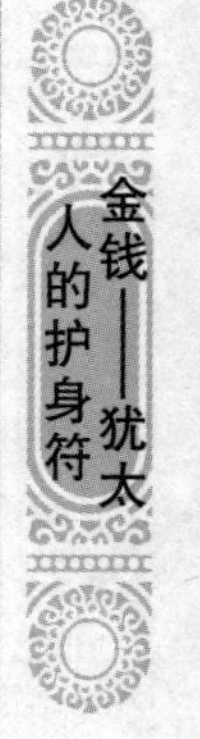

金钱可以增加安全系数

犹太人因为金钱获得了保护和安全，但是也因为他们实在是富可敌国，遭到世人的嫉妒和仇恨，他们只好再次拼命赚钱以获取更大的保护。为了获取更多的钱，他们不得不让自己赚钱的能力越来越精湛，理财、生财、发财的本领越来越高，他们也变得越来越富有。

在 2000 多年前，犹太人对钱就有一种特殊迷恋。犹太民族的起源与历史遭遇无疑决定着犹太人对钱的态度，在很大程度上反映出一个社会、一个民族或一种文化的“资本主义合理性”水平。

其一，犹太人屡遭驱逐或杀戮，每当形势紧张，他们踏上流浪之路时，钱是最便于他们携带的东西，也是他们旅途中生存的最重要保证。

其二，金钱是唯一不具异端色彩的东西，是他们同其他宗教教徒打交道的媒介。

其三，犹太人为了获得寄居城市的生存权利，使他们对金钱极度迷恋。历史告诉人们，犹太人若非在赚钱方面有超强的智慧，早就被消灭殆尽了。同时，金钱也是犹太人相互之间彼此救济的最直接方式。

其四，犹太人善于经商传统，也使他们不可能鄙视钱。尽管钱在别人眼里只是媒介和手段，但在商人那里，钱永远是每次商业活动的最终争取目标，也是其成败的最终证明。

综上所述，金钱对犹太人来说，绝不仅止于财富的层面。金钱居于犹太人生死之间，居于他们生活的中心地位，是他们事业成功的标志。

著名作家索尔·贝娄说：“金钱是唯一的阳光，它照到哪里，哪里就发亮。”在当今社会，金钱日益成为人们事业是否成功的重要标志之一，是作为衡量人们工作价值大小的重要手段。你所拥有的财富多少，就证明你给社会创造价值的大小。

第十四辑 钱，绝不分高低贵贱

《塔木德》中说："金钱平等。因此，人格平等。于是怀有赚大钱的欲望才好。金钱对于任何人来说，都是平等的，它没有高低贵贱的差别。"犹太人经常把"钞票不问出处"这句话挂在嘴边。在生意场上，哪怕是很小的生意，他们也不会放弃。

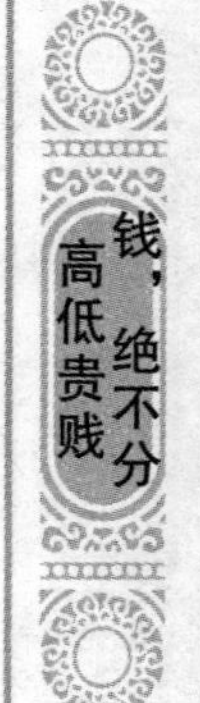

只要赚钱就行

何谓谋钱之道？犹太人的说法，就是发现赚钱的途径。对于犹太人，他们的谋钱观念独具特色，认为"只要赚钱就行"，所以他们没有视金钱如粪土的观念，而是把金钱视为人生的重要组成部分。

犹太人的经商思想比较自由，没有什么生意不可以做，没有什么钱不可以赚，因为在犹太人看来，自己关心的是如何赚钱，而不是钱的性质；如果把钱加以区分，真是无聊透顶。

犹太人认为创办公司的目的就是为了赚钱，一旦发现公司不能创造利润时，即使是再舍不得也要忍痛割爱，或拍卖或宣布倒闭。当然，犹太人更喜欢创建公司，不过，尽管他们在商

界兢兢业业创出自己公司的品牌，只要能获取高额利润，也会毫不犹豫地卖掉。在这一点上，他们是铁石心肠，从不会感情用事，表现在经营上就是决策果断。犹太民族是一个世界性的民族，不管世界上存在什么样的对立，他们照样做生意。

对犹太人来说，生活在这个世界上，赚钱才是最重要的事。然而，他们唯利是图，但不赞成不择手段的拜金主义，所以在犹太商人中拜金主义者很少，他们大部分人都遵守赚钱的游戏规则，正所谓“君子爱财，取之有道”。

犹太商人在谋钱时，对于所借助的东西，也从不存在一点儿感情。只要有利可图，且不违反法律，完全可以拿来用。

从某种意义上说，犹太人的谋钱之道很有借鉴意义，它体现了一个优秀商人的经营意识，是赢得财富的关键所在。

金钱无贵贱，保持平常心

犹太人喜欢把“钞票不问出处”这句话挂在嘴上，实际上是在教人们创造和积累财富必须处心积虑，必须巧捕商机，必须妙用手段。

钱是货币，是一个人拥有的物质财富多少的标志，它本身不存在贵贱之分。

犹太人在赚钱的时候，不会觉得钱是低贱或高贵的，他们不会因为自己目前从事的职业不好而感到自愧不如。他们在从事所谓的低贱的职业的时候，心态也表现得十分平和。

由于对钱保持一种平常的心态，甚至把它看得如同一块石头、一张纸，犹太人才不会把它视若鬼神，不把它分为干净或肮脏，在他们心中钱就是钱，因此，他们孜孜以求地去获取它。失去它的时候，也不会痛不欲生。正是这种平常心，使得犹太人在惊涛骇浪的商海中驰骋自如，临乱不慌，稳操胜券。

赚钱是商人的天职

犹太人嗜钱如命，为了赚钱，他们绞尽脑汁，用尽千方百计。

加利曾为一个贫穷的犹太教区给伦贝格市一位有钱的煤商写信，请他为了慈善的目的赠送几车皮煤。

商人回信说："我们不会白送给你们东西。不过我可以半价卖给你们 50 车皮煤。"

该教区表示同意先要 25 车皮煤。交货 3 个月后，他们既没付钱也不再购买。

不久，煤商寄出一封措辞强硬的催款书，没几天，他收到了加利的回信：

"……您的催款书我们无法理解，您答应卖给我们 50 车皮煤减掉一半，25 车皮煤正好等于您减去的价钱。这 25 车皮煤我们要了，那 25 车皮煤我们不要了。"

煤商愤怒不已，但又无可奈何。他在高呼上当的同时，却又不得不佩服加利的聪明。

在这其中，加利既没耍无赖，又没搞骗术，仅仅利用这个口头协议的不确定性，就气定神闲地坐在家里等人"送"来 25 车皮煤。

这就是犹太人的赚钱高招。

犹太人爱钱，从来不隐瞒自己爱钱的天性，所以世人在指责他们嗜钱如命、贪婪成性的同时，又深深折服于他们在金钱面前的坦荡无邪。只要认为是可行的，犹太人就一定去做，赚钱天然合理，赚回钱才算真聪明。这就是犹太人的经商智慧的

高超之处。

钱是货币，是一个人拥有物质财富多少的标志，它本身不存在贵贱之分。在生意场上，我们也应该本着“金钱无姓氏，更无履历表”的原则。

犹太人的金钱格言

由于犹太人的社会背景和所处的生活环境，对金钱形成许多独特的看法：

“赚钱不难，用钱不易。”

“金钱可能不是慈悲的主人，但绝对是能干的奴仆。”

“金钱虽非尽善尽美，但也不会致使事物腐败。”

“并不一定贫穷人什么都对，富有人什么都不对。”

“金钱对人的作用和衣服对人的作用相同。”

“赞美富有的人，并不是赞美人，而是赞美钱。”

《塔木德》中说：

“钱不是罪恶，也不是诅咒，它在祝福着人们。”

“身体依心而生存，心则依靠钱包而生存。”

“用钱去敲门，没有不开的。”

“伤害人们的东西有三：烦恼、争吵、空钱包，其中以空钱包为最。”

“上帝给予光明，金钱散发温暖。”

“钱会给予我们向神购买礼物的机会。”

从这些犹太格言中，不难看出犹太人的金钱观。他们把金钱视为工具。也许这也是世人认为“犹太人是吝啬鬼”的依据，但他们不管别人怎么评论与误解，仍一如既往地埋头赚钱。

金钱与人格

聪明的犹太人把钱当成一柄双刃剑，既认识到钱可以让人生存，也认识到钱可以腐蚀掉一个人的灵魂。所以，犹太人认为，钱是窥视人品的一面镜子，既可以看出一个人的卑微，也可以看出一个人的高尚。

有这样一个故事，在犹太人中间广为流传。所罗门时期的某个安息日，有三个犹太人来到耶路撒冷。他们由于身上带钱过多不方便，商议将各自带的钱埋在一块，然后就出发了。结果，其中有个人溜回来，将钱偷偷地挖走了。

第二天，他们发现钱被盗了，便猜想一定是自己人所为，但又没有证据证明是哪个人所为。于是，他们便一起请求素以断案英明著称的所罗门仲裁。

所罗门了解事情经过后，没有急于问案，反而说："这里正好有道题解不开，请三位聪明人帮忙解决一下，然后我再为你们裁决。"

所罗门讲了一个故事。

有个姑娘曾答应嫁给某男，并订了婚约。但不久以后，她又爱上了另一个男子。于是，她便向未婚夫提出解除婚约。为此，她还表示，愿意付给未婚夫一笔赔偿金。但未婚夫无意于赔偿金，痛快地答应了她的要求。但是不久，这个姑娘又被一个老头拐骗了。后来，姑娘对老头说："我以前的未婚夫不要我的赔偿金就和我解除婚约了，所以，你也应该如此待我。"于是，那个老头也同样答应了她的要求。

讲完故事后，所罗门询问道："姑娘、青年和老头，谁的行为最值得赞扬？"

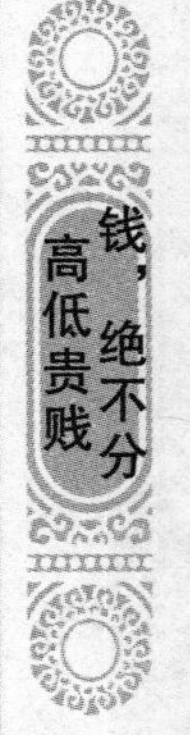

第一个人认为，男青年不强人所难，不要一点赔偿金，其行为可贵。

第二个人认为，姑娘有勇气和未婚夫解除婚约，并和真正喜爱的人结婚，其行为可敬。

第三个人说："这个故事简直莫名其妙，那个老头既然为了钱才诱拐姑娘，为什么不要钱就放她走了呢？"

所罗门不等第三个人说完，指着他大喝一声："你就是偷钱的人！"

然后，所罗门解释道："他俩关心的是故事中人物的爱情和个性，而你却只想到钱，你肯定是小偷无疑。"

犹太人的这则故事说明，品行卑劣的人心中只有钱而没有道义，而高尚的人由于注重道义而往往忽视钱。在现实生活中，犹太人也往往根据一个人对于金钱的态度判断一个人的品质。

做金钱的主人

尽管有人把金钱奉为世俗的万能上帝，但犹太人不会受缚于金钱，不会成为金钱的奴隶，在金钱的强大面前俯首称臣。

一个欧洲商人在耶路撒冷旅游时，遇到一位盘着腿安静地在一棵菩提树下做手工的老者，正在用草编织兜子。草编非常精致，吸引了许多外地游客。欧洲商人想，要是将这些草编运到本国，女人挎着这种草编的兜子，将是多么时尚、多么风情啊！

想到这里，欧洲商人激动地问："这些草编多少钱一件？"

"一美元。"老者微笑着回答道。

"天啊！这会让我发大财的。"商人欣喜若狂。

“假如我买一万件，你打算每件优惠多少钱？”

“那样的话，就得两美元一件。”

“什么？”欧洲商人简直不敢相信自己的耳朵，几乎大喊着问，“为什么？”

“为什么？”老者也生气了，“做一万件一模一样的草编兜子，它会让我乏味死的。”

欧洲商人还是不能理解，因为在追逐财富的过程中，许多现代人忘了生命里除金钱之外的许多东西。或许，那位老者才真正悟出了人生的真谛。

金钱对犹太人来说，绝不仅止于财富层面。金钱居于他们生活的中心地位，是人们事业成功的标志，是为了更好地生存，以及实现自身的价值。

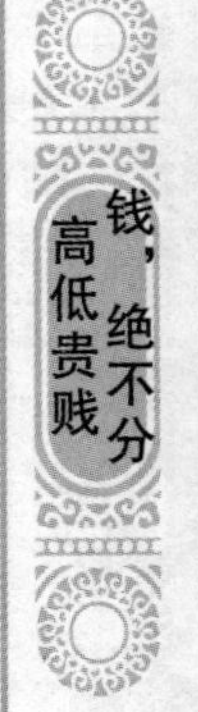

金钱无姓氏

犹太人对钱的观念自有见解，认为“金钱无姓氏，更无履历表”。他们认为，不管方式方法如何，只要是通过经营赚来的钱，均能心安理得。因此，他们通过千方百计的经营，尽量赚取更多的钱，不管这些钱是农夫出卖产品得来的，或是赌徒赢来的，还是知识分子靠脑力劳动得来的，他们都受之无愧。

1872 年，24 岁的犹太人哈同来到中国上海谋生。当时他除年轻力壮，几乎一无所有。他立志来中国赚钱发财，但一无资本，二无特长和靠山。于是，他在一个洋行找到一份看门工作。对于血气方刚的年轻人而言，看门的工作极其难堪，但哈同却不那么想，他认为看门赚来的钱是一种报酬，毫无丢脸和有失身份之说。只要是自己流汗挣来的钱，就无愧无羞。

对于金钱的态度是一个人人格高低的体现。品行卑劣的人心中，只有金钱而没有道义；高尚的人由于注重道义，往往忽视金钱。对于金钱，犹太人常保持一种平常心。这也正是犹太人赚钱智慧之一。

第十五辑　享受你的金钱

《塔木德》中说："上帝把钱作为礼物送给我们，目的在于让我们购买世间的快乐，而不是让我们攒起来还给他。"

理财的五条黄金法则

犹太商人在研究社会最成功人士的致富之道后，发现了理财的五个基本法则，每个法则便是创造财富的法宝。这些法宝能使你所拥有的价值至少增加十至十五倍，那么就能够很容易增加你的收入。

理财的第一个法则，就是想如何理财，也就是有理财的意识。比如，我如何能在这家公司里更有价值？我如何在更短时间内创造出更大的价值？有什么方法可以降低成本并提升品质？我能否想出新的系统或制度？有什么新技术可使公司竞争力提升？

理财的第二个法则，就是怎样维持财富，唯一的方法便是支出不要超过收入，同时多方投资。

理财的第三个法则，就是要增加你的财富。你要想加快致富的速度，是你把过去赚得的利润再投资，而不是花掉。要做

到这一点，就是支出不要超过收入，并且多方投资，把赚得的钱再拿去投资，以求得“利滚利”，这样所赚得的钱往往能以倍数增长。

理财的第四个法则，就是保护你的财富。处在今天这个诉讼漫天的社会里，许多人在有钱之后反而失去安全感，甚至比没有钱时更没安全感，因为他们知道现在比任何时刻都有可能被别人控诉。然而别担心，只要目前没有官司缠身，就有合法渠道保护你的财产。你是否把保护财产列入考虑范围呢？若是你目前还没有考虑，此刻似乎也应该开始多跟专家商量，并且多跟那些专家学习，就如同你人生中其他的学习一样。

理财的第五个法则，就是懂得享受财富。当你致富之后，不要舍不得享受快乐，大部分人只知道拼命赚钱，等攒到一定的财富时才去享受，除非你能够把提升价值、赚取财富跟快乐串在一起，否则就无法长久这么做下去。因此，有时候你得给自己一个奖励（要出其不意）。

在赚钱中做游戏

要想赚钱，就绝对不能给自己增加心理负担，而是应该十分从容地、冷静地对待，对金钱不感兴趣自然赚不到钱，然而倘若把金钱看得太重，也就让自己背负沉重的包袱。这个时候，你需要彻底地忘掉金钱，不要再把它当成负担才好。

犹太人注重金钱，认为金钱是现实中万能的上帝。金钱在他们眼中无比神圣，但是在赚取金钱的时候，他们已经把金钱当成是一种十分普通的东西，就和纸张、石头一样，丝毫不觉得金钱有烫手的感觉。

犹太人只把金钱当成一种很好玩的物品，它在刺激着每个

人的神经，高度地投入。人们投入资金的时候，就是投入了一次次危险但有趣的游戏，当这个游戏胜利的时候，也是十分有意思的。如果不是把赚钱当作游戏，而是视为一项沉重的工作，甚至是拿命运作赌注的时候，心理的压力会十分大，以至于人们不敢去冒风险。

犹太人这样形容自己，在赚钱的时候你就进入了一个游戏的世界。作为游戏参与者，你要不停地和对手进行较量和角逐。你要采用一切办法和手段胜过其他人，要超越所有人，才可以赢得最后的胜利。

摩根的习惯

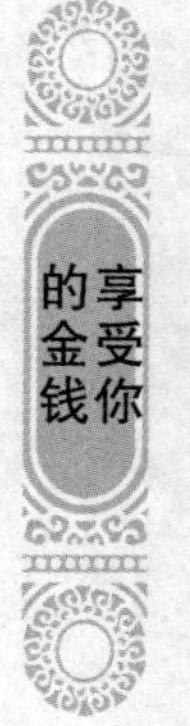

摩根赚钱甚至达到痴迷的程度。他有一个习惯，每当黄昏的时候，就到小报摊上买一份载有股市行情的当地晚报回家阅读。他的朋友都忙着娱乐的时候，他则说：“有些人热衷研究棒球或者足球的时候，我却喜欢研究怎么赚钱。”

在谈到投资的时候，他总是说：“玩扑克的时候，你应当认真观察每一位玩家，你会看出一个冤大头。如果看不出，那个冤大头就是你。”

他从来不乱花钱做自己不喜欢的事情，他总是琢磨怎么赚钱的办法。有的同事开玩笑说：“摩根，你已经是百万富翁了，感觉滋味如何?”摩根的回答让人意外：“凡是我想要的东西而又可以用钱买到的时候，我都能买到，至于其他人所梦想的东西，比如名车、名画、豪宅我都不为所动，因为我不想得到。”

他并不是为金钱生活的人，甚至不需要用金钱装饰他的生活。他喜欢的仅仅是游戏的感觉，那种一次次投入资金，又一次次通过自己的智慧把钱赚回来的感觉，充满了风险和艰辛，

但是也颇为刺激，他喜欢的就是这种刺激。他说："金钱对我来说并不重要，而赚钱的过程，即不断接受挑战才是乐趣，不是要钱，而是赚钱，看着钱滚钱才是有意义的。"

人还应该学会放松自己，学会休息。生活很紧张，有很多人常常为了努力工作，逐渐远离自己本来应拥有的生活。

财源滚滚来

《塔木德》中说："金钱容易引发意外，任何人对待金钱都要谨慎。"犹太人认为，想成为富翁的唯一办法，就是用钱去赚钱，用好自己手中的钱，让它生出更多的钱。

生财有道

巴菲特是当今世界和人类历史上最伟大的股市投资者。1956 年，他以 100 美元起家，迄今为止其个人资产已超过 160 亿美元，被誉为世界股王。

在美国《纽约时报》评出的全球 10 大顶尖基金经理人中，巴菲特名列榜首；在《财富》杂志评出的"世纪八大投资高手"中，巴菲特同样位列第一。如此的"第一""唯一"不胜枚举。他是资产超过 10 亿美元的富翁中，唯一从股票市场发家致富的。他一手创立并任公司主席兼行政总裁的贝克夏·哈斯维公司，是 1996 年美国最具盛名的 10 家公司之一，也是金融业唯一进入前 10 名的公司。

巴菲特是证券经纪人之子，从小就懂生财有道。一名友人说，巴菲特 5 岁时，就在奥马哈老家门前的人行道上摆摊向路过的人卖口香糖。后来他又从清静的自家门前转移到行人较多

的朋友家前面，售卖柠檬水。朋友说，他想的不只是赚零用钱，而是要致富；念小学的时候，他就宣布要在35岁之前成为富翁。

他曾在当地高尔夫球场上搜集可以售卖的二手高尔夫球。他曾跟朋友一起到奥马哈赛马场，在地上找人家无意中随手丢掉的中奖票根；他在祖父的杂货店批购汽水，夏夜里挨家逐户地推销。青少年时他送报纸，每天早上送近500份，每月收入175美元（许多全职工作的成人也不过赚这么多），然后原封不动地把每个月的薪水存起来。他经常埋首苦读《赚取1000美元的1000种方法》，这是他最爱读的书。

他痴迷股票，正如别的孩子痴迷飞机模型。他把股价制成图表，观察涨落趋势。他11岁时首次买股票，买了3股每股38美元的“城市服务”优先股，涨到40美元时脱手，扣除手续费后，净赚5美元——这是他首次在股市的收获。21岁时，他从各项投资中赚了9800美元；他日后赚进的每一块钱，几乎都源自这笔资金。

财富的真正主人永远都是那些从大处着眼、小处着手的人，他们不会放弃任何赚钱机会，并不停地将赚来的钱投入市场，让这些钱持续地滚动，直到滚成一个“大雪球”。

精明的犹太人

一位犹太大富豪走进一家银行。

“请问先生，您有什么事情需要我们效劳吗？”贷款部营业员一边小心地问，一边打量他的穿着——名贵的西服，高档的皮鞋，昂贵的手表，还有镶宝石的领带夹子……

“我想借点钱。”

“完全可以。您想借多少呢？”

“1美元。”

“只借1美元？”贷款部的营业员惊愕得张大嘴巴。

“我只需1美元。可以吗？”

贷款部营业员的头脑立刻高速运转起来，这人穿戴如此豪阔，为什么只借1美元？他是在试探我们的工作质量和服务效率吧？于是便装出高兴的样子说：“当然，只要有担保，无论借多少，我们都可以照办。”

“好吧。”犹太人从豪华的皮包里取出一大堆股票、债券等放在柜台上说，“这些做担保可以吗？”

营业员清点一下：“先生，总共50万美元，做担保足够了。不过，先生，您真的只借1美元吗？”

“是的，我只需要1美元。有问题吗？”

“好吧，请办理手续，年息为6%，只要您付出6%的利息，且在一年后归还贷款，我们就把这些作保的股票和证券还给你……”

犹太富豪走后，一直在一边旁观的银行经理怎么也想不明白，一个拥有50万美元的人怎么会跑到银行借1美元。

他追上去：“先生，对不起，能问你一个问题吗？”

“当然可以。”犹太富豪说。

“我是这家银行的经理，我实在弄不懂，您拥有50万美元的家当，为什么只借1美元呢？您若要借30万元、40万元的话，我们也会乐意为您服务的……”

“好吧！我不妨把实情告诉你。我来这里办一件事，随身携带这些票券很不方便，便问过几家金库，要租他们的保险箱，但租金却很昂贵。所以我就到贵行将这些东西以担保的形式寄存了，由你们替我保管，况且利息很便宜，存一年才不过

6 美分……”

经理如梦初醒，认为犹太富豪的做法实在太高明。

和气生财

犹太商人强调和气生财，把人际关系搞得融洽和睦，从而让自己的生意欣欣向荣。这种经商之道，是以“和”为原则，以“善”为办事宗旨。犹太商人悠久的慈善传统和敏锐的社会竞争意识，使他们对现代社会的劳资关系也有所贡献。

蒙德是犹太实业家中不多见的一个，他不是靠金融技巧，而是完全靠自己的专业知识经营实业的。蒙德 1839 年出生于德国卡塞尔，后移居英国。他在学生时代曾在海德堡大学同著名化学家布恩森一起工作，发现了一种从废碱中提炼硫黄的方法。他将这个方法带到英国，几经周折，才找到一家愿意同他合作开发的公司。结果证明，他的这个发明是有经济价值的。后来，英国和欧洲的许多公司都申请使用这种方法。这使他萌发了自己开办化工企业的念头。

蒙德买下了一种利用氨水的作用使盐转化为碳酸氢钠的方法，这种方法是他一起参与发明的，当时还不成熟。

蒙德在柴郡的温宁顿买下一块地，建造厂房。当地居民担心大型化工厂会破坏生态环境，反对他在那里建厂，并拒绝为他工作。

蒙德不得不雇用爱尔兰人。建厂期间，他每天到现场监督，用威胁和诅咒催促工人。他嘴上老挂着一句话：“不要称呼我先生，我不是绅士！”其形状可想而知。

蒙德一边建厂，一边进行实验，完善这种方法。第一次实验失败之后，他干脆住进实验室，昼夜不息地工作。经过反复

试验，他终于解决了技术上的难题。尽管如此，他仍怕出问题，虽然他的住处同工厂只有几百米的距离，他还是在卧室的窗户上安装了一个铃铛，拴上一根长长的绳子，连向厂区，以便万一在夜晚需要他时，能及时叫醒他。1874 年工厂建成，开始时，生产情况并不理想，成本居高不下，企业完全亏损，但他并不气馁，加倍努力，终于在 1880 年取得了一项重大突破，产量增加了 3 倍，成本也降下来了，产品由原先每吨亏损 5 英镑，变为获利 1 英镑。

可是在吞并附近一家和他竞争的企业之后，蒙德和他的主要合伙人约翰·布隆内尔一起，把他们的工厂扩大为“布隆内尔·蒙德公司”。当时拥有名义资产 60 万英镑，短短几年之后，布隆内尔·蒙德公司成了全世界最大的生产碱的化工企业。布隆内尔·蒙德公司在生产碱的化学工艺上取得了重大突破，但世人认为，该公司在改善劳资关系方面的建树更有革命性的意义。在英国，他们是最早给工人每年一周假期，休假期间工资照发的雇主之一，只是有个条件，就是工人必须好好工作。实际上 42%的工人获得了这种休假。这说明他们的条件有一定难度，但也不是不能实现。

蒙德此时已经非常富有，非常成功，各种荣誉也纷纷降临到他头上。他从事化学研究生涯的摇篮——德国海德堡大学授予他名誉博士学位；牛津大学和曼彻斯特大学分别授予他文学博士学位和科学博士学位；他担任了化学工业协会主席，成了英国皇家学会普鲁士科学院和那不勒斯皇家学会的成员，而且还获得了意大利当局颁发的荣誉勋章。但所有这一切荣誉，同日后英国公众在他儿子的工厂发生严重爆炸时所持的宽容态度相比，都几乎不足挂齿了。

把钱用到节骨眼上

犹太富商亚凯德说：“犹太人严格遵守发财的原则，不让自己的支出超过自己的收入。如果支出超过收入便是不正常的现象，更谈不上发财致富了。”

洛克菲勒早年在一家大石油公司做焊接工，任务是焊接装石油的巨大油桶。要焊接就会有焊条的铁渣掉落，他细心地发现每焊接一个油桶要掉落的铁渣不多不少正好是509滴。他想，要焊接摞得像山一样的油桶要浪费多少焊条呀！

于是，他改进了焊接工艺和焊接方法，让每次滴落的铁渣正好是508滴。这样这家大石油公司全年节约的资金是5.7亿！他因此获得一次很好的晋升机会，同时也开始了自己的事业。

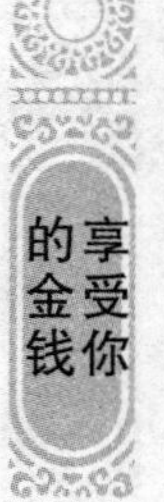

洛克菲勒成为亿万富翁以后，他的经营管理也是以精于节约为特点。他对部下的要求是，提炼一加仑原油的成本，要计算到小数点后的第6位。每天早上他一上班，就要求公司各部门将有关成本和利润的报表送上来。多年的商业经验让他熟稔经理们报上来的成本开支、销售以及损失等各项数字，他常常能从中发现问题，并且以此指标考核每个部门的工作。

1879年的一天，他质问一个炼油厂的经理：“为什么你们提炼一加仑原油要花19.8492美元，而东部的一个炼油厂干同样的工作只要19. 8491美元?”这正如后人对他的评价，洛克菲勒是统计分析、成本会计和单位计价的先驱，是今天大企业的“一块拱顶石”。

到了老年，有一天，洛克菲勒向秘书借5美分，当还钱的时候，秘书不好意思要。他当即大怒：“记住，5美分是1美元1年的利息!”由此可见，他对于金钱的节俭和计算真是精明。

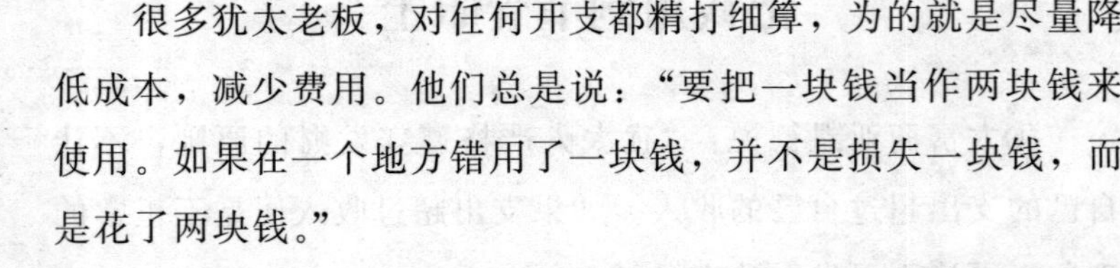

很多犹太老板，对任何开支都精打细算，为的就是尽量降低成本，减少费用。他们总是说：“要把一块钱当作两块钱来使用。如果在一个地方错用了一块钱，并不是损失一块钱，而是花了两块钱。”

犹太人的用钱原则就是这样，只把钱用在该用的地方。他们认为不该用钱的地方，一块钱也不会花出去的。

俗语说，有钱不置半年闲。这是一句相当富有哲理的生意经。如何用好自己手中的钱，是关系赚钱与否的大问题，也是你能不能获得滚滚财富的大问题。

第十六辑　78：22 法则

《塔木德》中说："78：22 是个永恒的法则，没有互让的余地。"犹太人认为自己生活的法则就是"78：22 法则"。它是犹太人成功致富的根本。

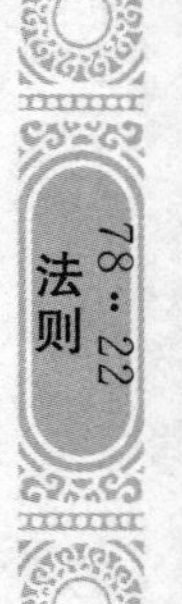

犹太人成功致富的根本

犹太人说，被他们认为自己生活法则的就是"78：22 法则"。它是犹太人成功致富的根本。所谓"78：22 法则"，严格地说，应是"78.5：21. 5 法则"，由于小数拗口，故称作"78：22 法则"。这个比例很有哲理，是以一个正方形的内切圆关系计算出来的。假设一个正方形面积是 100，那么，它的内切圆面积则是 78.5，剩下的面积即是 21.5。以整数计算表述，便是 78：22。

说来也巧，空气中的气体比例中，氮气占 78%，氧气占 22%；人体也是由 78%的水及 22%的其他物质构成的。这个 78：22 的数据成为人类不可抗拒的宇宙大自然法则，人类不能违背这种法则生存发展。

犹太人认为，做生意也顺应这一法则。在一个国家中，富有的人远远少于一般大众，但富人所持有的货币却压倒大多数

人。也就是说，一般大众持有的货币为22%，富人持的货币是78%。因此，做生意若以拥有78%货币的22%的富人为主要客户必会赚钱。

犹太人投资，同样遵循“78：22法则”经营运作。

他们认为，不赚钱的投资是不符合“78：22法则”的，因而不能生存下去。欲要赚钱，在经营中就必须懂得核算，这正如一个正方形的内切圆一样，投入的资本，起码要获得一定的利润回报率才合算，达不到这个比例就不合算乃至亏本，这样的生意就不能做。这也是运用“78：22法则”的一种表现。

二八分割法带来的效益

美国企业家穆尔为格利登公司销售油漆时，头一个月仅挣了160美元。此后，他仔细研究了犹太人经商的“二八定律”，分析了自己的销售图表，发现他的80%收益的确来自20%的客户，但是他却对所有的客户花费了同样的时间，这就是他失败的主要原因。于是，他把最不活跃的36个客户重新分派给其他销售员，自己把精力集中到最有希望的客户上。不久，他一个月就赚到了1000美元。

穆尔学会了犹太人经商的二八分割法，连续9年从不放弃这一法则，使他最终成为凯利—穆尔油漆公司的主席。

美国、法国等欧美国家的金融寡头多为犹太人，华尔街也基本上是犹太人的天下。18世纪末就办起中欧金融大市场的约瑟夫·门德松，因创建金融集团而拥有百亿美元资产的罗斯柴尔德等都是犹太人。他们成功的奥秘就在进一步运用了“二八定律”。

财富来自正确选择

布朗先生是一位美籍犹太人，1912 年出生。20 世纪初，他的父母为了逃避沙俄对犹太人的迫害，逃亡到美国，生下了他。十分不幸，他尚未读完初中，父亲英年早逝，他不得不中途辍学，到社会上打工，维持家庭生活。

布朗与其他犹太人一样，生活的艰难阻挡不了他求学的决心，他边工作边自学，直到读完大学。美国的大学是实行学分制的，他采取对各门课程逐个完成的办法，用 6 年时间读完了大学的必修课程，经考试全部获得优秀成绩。不管自修中学课程还是攻读大学学科，他的学习环境都是极端恶劣的。他白天打工，晚间除了用 4—5 个小时睡觉外，其余时间均用于学习。

布朗学有所成后，集中力量研究化学，后来被聘为普渡大学的化学系教授。他在从教工作中，深入钻研，先后发明了还原剂乙硼烷的简化合成法和另一种重要含硼还原剂氢硼化钠。他于 1967 年发现有机硼化物不但可以作为高选择性硼氢加成反应的试剂，而且可以用来合成多种有机化合物，使有机硼烷成为有机化学中用途最广泛的试剂之一。这一发现，使化学研究工作有了新突破，为人类的发展做出了贡献。所以，1979 年他获得了诺贝尔化学奖。

布朗一生研究不止，获得众多殊荣和奖励。他先后发表了 700 多篇有重要价值的论文，出版了 4 部有国际影响力的专著。他在谈及自己的成功时说："我的成绩取得，是靠刻苦学习和钻研，是'78∶22 法则'选择的结果。"

犹太人做生意，他们同样遵循 78∶22 法则经营和运作。他们认为，经商是为了赚钱，这是法则。不赚钱的经商，不符

合“78∶22 法则”的，因而不能生存下去。欲要赚钱，在经营中就必须懂得核算，放贷赚钱是犹太人起家的一招，他们在欧洲产业革命之时，瞄准了企业发展急需资金的情况，以高利率把钱借给那些企业，得到的回报率比自己办企业赚得还多，风险相应减少，这是运用“78∶22 法则”的一种表现。

抓住细节就抓住机遇

留意生意场上的每一个细节，是犹太人的另一特点，这样有利于把运气变成财富。一家犹太人经营的服装公司——列瓦伊·施特劳斯公司，靠运气促成服装的一场革命——让牛仔裤风靡一时。

“列瓦伊·施特劳斯”这个名字被录入英国辞典，公司的产品在国际上趋于牛市，因此公司的发家史，也几乎披上了神秘的面纱。

列瓦伊·施特劳斯是该公司的创始人，他本来与服装行业毫不沾边。服装行业历来是犹太人善于经营的行业，美国男装市场的 85%、女装的 95%，一度都出自犹太人之手。19 世纪 50 年代，列瓦伊·施特劳斯是个创业者，当时，美国加州一带一度掀起淘金热。年轻的列瓦伊·施特劳斯尽管也在加州凑热闹，但为时已晚，淘金热已到了尾声，但后来他出乎意料地在“斜纹布里淘出了黄金”。

列瓦伊·施特劳斯去加州时，随身带了一大卷斜纹布，想卖给制帐篷的商人，以此作为自己淘金的资本。到了那里他才发现，人们不需要帐篷，却需要结实耐穿的裤子。淘金人整天同泥和水打交道，裤子坏得特别快。于是，从这卷斜纹布里就诞生了列瓦伊·施特劳斯的第一条牛仔裤。10 年以后，他又在裤子的口袋旁装上铜纽扣，以增强口袋的结实性。此后，列瓦伊·施特劳斯开始大批量生产这种新颖的裤子，销路极好，引得数以百计的服装商竞相仿效，但列瓦伊·施特劳斯的企业一直独占鳌头，每年售出约 100 万条这种裤子，营业额达 5000 万美元。

列瓦伊·施特劳斯是个单身汉，在 1902 年，即他 72 岁那年去世。他的“列瓦伊·施特劳斯公司”自此由他唯一的妹妹的 4 个孩子接管。直到 1971 年才成为股份公司，仍旧由他们的后代经营。4 个外甥接下舅舅的公司之后，经营得不错，公司不断发展，业务范围也随之扩大，开始经营尼绒、裤子、毛巾、被套、床单和内衣。到第二次世界大战结束，这些商品的营业额已将近公司总营业额的一半。1946 年，列瓦伊·施特劳斯的曾外孙哈斯决定清理一切库存物品，不管合算不合算，把列瓦伊·施特劳斯公司的全部资金用于生产牛仔布料。这种由 10 股 3 号棉纱织成的布料，已获得专利，专门为列瓦伊·施特劳斯公司生产。

哈斯不是理想主义者，有意识地想改变公众的趣味或穿着习惯，也未曾预见这个决定会引发一场服装革命。他只是做出了一项经营决策，更准确地说，他只是想搏一下，输赢在此一举，看新布料能否取胜。运气临门，他赢了，而且是极大的成功。

用新布料生产的牛仔裤，特别有助于显示出人的体形，充满青春气息，生产出来后就大受欢迎。在 20 世纪五六十年代后，更是大行其道。一则因为 20 世纪 60 年代正值二战结束后出生的一代踏上社会，这一代素称“婴儿炸弹”，即人口出生高峰，这一代人给美国社会带入了一股青春文化气息，他们也成了消费市场的主力，洋溢着青春气息的牛仔裤自然极有市

场；二则 20 世纪 60 年代正好是反叛的时代，传统规范和价值观念受到怀疑、抨击和唾弃，而牛仔裤不受拘束的特点，成了最能体现时代潮流的服装。

第一个原因使牛仔裤成了青年一代的制服，也成了一切想混迹于年轻人中的中年人热衷的服装。第二个原因则使一切不想让自己显得保守古板的人穿上牛仔裤，终至牛仔裤被一位总统穿进白宫。

这场服装革命带来的直接后果是，它从不同方向使服装不再能彰显穿着者的身份。如果说，原先批量生产的服装使一个公司的推销员穿得像总经理一样，则牛仔裤却使总经理穿得像推销员一样，而且牛仔裤不分性别，男人女人穿都完全一样。牛仔裤也没有新旧之分，甚至旧的更好。这本来是因为布料容易旧，但公众由于过于喜爱牛仔裤，把它的缺点一起喜爱上了。服装史上第一次出现了“生产旧裤子，甚至破裤子”的工厂。经过磨损、褪色和打过补丁的牛仔裤，一副破相，却更好销售，价格也更高。

列瓦伊·施特劳斯公司一炮走红，虽然有些运气成分，但如果哈斯不具备高度冒险精神，就永远不可能把全部资金都押在新型布料上。服装行业中，除了传统服装的老牌企业之外，生产时装的其他企业，每年春秋两季就是两次大冒险。赌对了，就发财；赌错了，就破产。“过时”的时装就会成为公司沉重的包袱。

因此，哈斯这一冒险行为，只不过是利用服装行业的一般冒险行为才得以发展。难能可贵的是，他的这一冒险行为竟发掘了延续半个世纪还方兴未艾的大时尚，如果从老列瓦伊·施特劳斯生产的第一条牛仔裤算起，已历经一个世纪之久。

第十七辑　用智慧赚钱

《塔木德》中说："赚钱吧，吃面包吧，喝酒吧，和心爱的女人共浴爱河吧，你的行为得到上帝的恩准。"

财富的秘诀

菲勒出生在一个贫民窟里，和所有出生在贫民窟的孩子一样，他争强好斗，也喜欢逃学。唯一不同的是，他有一种天生会赚钱的眼光。他把一辆从街上捡来的玩具车修理好，让同学们玩，然后向每人收取10美分，他竟然在一个星期内赚回一辆新玩具车。他的老师对他说："如果你出生在富人家庭，你会成为一个出色的商人。但是，这对你来说已是不可能的，你能成为街头商贩就不错了。"

中学毕业后，菲勒真的成了一名商贩。正如他的老师所说，与贫民窟的同龄人相比，他已经活得相当体面了。

他卖过小五金、电池、柠檬水，每一样他都得心应手。

菲勒起家靠的是一堆丝绸。这些丝绸来自日本，因为在海轮运输当中遭遇风暴，这些丝绸被染料浸湿了，数量足足有一吨之多。这些被浸染的丝绸成了日本人头痛的东西，想处理掉，却无人问津，就想运到港口，扔进垃圾箱，又怕被环境部门处罚。于是，日本人打算在回程路上把丝绸抛到大海里。

港口的一个地下酒吧，是菲勒夜晚的乐园。他每天都来这里喝酒。那天，他喝醉了。当他步履蹒跚地走到几位日本海员旁边时，海员们正在与酒吧的服务员说那些令人讨厌的丝绸。说者无心，听者有意，他感到机会来了。

第二天，菲勒来到海轮上，指着停在港口的一辆卡车对船长说："我可以帮助你们把这些没用的丝绸处理掉。"结果，他不花任何代价便拥有了这些被化学染料浸过的丝绸。然后，他把这些丝绸制成迷彩帽子。几乎在一夜之间，他靠这些丝绸拥有了 10 万美元的财富。

从此，菲勒不再是商贩，而成为一名商人。

有一次，菲勒在郊外看中一块地。他找到地皮的主人，说他愿花 10 万美元买下来。地皮的主人拿到 10 万美元后，心里嘲笑他真愚蠢。这样偏僻的地段，只有傻子才会出这么高的价钱！

令人意想不到的是，一年后，市政府宣布，将在郊外建造环城公路。不久，菲勒的地皮升值了 150 倍。城里的一位地产富豪找到他，愿意出 2000 万美元购买他的地皮，在这里建造一个别墅群。但是，菲勒笑着告诉富豪："我还想等等，因为我觉得这块地应该卖得更多。"

果然，三年后，菲勒把这块地卖到 2500 万美元。从此，他成了商界新贵，可以像社会上层人一样出入高档场所。他的同行们很想知道他当初是如何获得这些信息的，甚至怀疑他和市政府的高级官员有来往，但结果令他们很失望，他没有一位在市政府任职的朋友。

菲勒的发迹简直就是一个谜。他活了77岁，临死前，他让秘书在报纸上发布了一个消息，说他即将去天堂，愿意给失去亲人的人带口信，每人收费100美元。这个看似荒唐的消息，引起无数人的好奇心，结果他赚了10万美元。如果他能在病床上多坚持几天，可能赚得还会更多。他的遗嘱也十分特别。他让秘书再登一则广告，说他是一位礼貌的绅士，愿意和一个有教养的女士同卧一个墓穴。结果，一位贵妇人愿意出资5万美元和他一起长眠。

随处都有商机

犹太商人鲍洛奇早年在美国一个叫杜鲁茨城最繁华的街道替老板看摊卖水果。这里车水马龙，人来人往，的确是经商的好地方，于是每个商人都想尽办法，争抢顾客，竞争十分激烈。

鲍洛奇的生意不错，把其他摊位上的顾客也拉过来了，摊位前的顾客很多，他忙得不可开交。不料，发生了一件事，差点儿使他刚刚红火起来的生意败落。正当他为自己的胜利感到得意的时候，老板贮藏水果的冷冻厂发生了火灾。当消防员将大火扑灭时，16箱香蕉已被大火烤成土黄色，上面显现出不少小黑点。老板把这些香蕉交给鲍洛奇，让他降价处理。

当时，普通香蕉每磅的售价是4美分，老板让鲍洛奇降价一半，以每磅2美分的价格出售。老板交代他，香蕉只要不浪费，即使价格再低一点也可以卖。

鲍洛奇接过这些烤得黄黑的香蕉，感到有说不出的苦，但

老板交代他的任务不得不完成。无奈之下，他只好把这些变质的香蕉摆到摊上。

尽管有一肚子闷气，鲍洛奇还是尽职尽责地大声吆喝起来。不少顾客走到他的摊前，看到这种丑陋不堪的香蕉，摇着头走开了。他赶忙解释："各位先生女士，你们看到的只是表面现象，虽然它们看起来很丑陋，但它们的味道很好，并且价格相当便宜，只是其他香蕉价格的一半。"不管他怎么说，顾客还是不想买这些难看的香蕉。

鲍洛奇见香蕉没有人买，感到很生气，坐下来把那些丑陋的香蕉检查一遍。他掰开一根香蕉，剥开黄中带黑的皮，然后放进嘴里。"是的，这些香蕉一点都没坏，相反，由于火烤的原因，这些香蕉的味道变得更好了。对了，我何不……"他在心里琢磨着，突然想到了一个不错的主意，禁不住为此微笑起来。

第二天一大早，鲍洛奇又开始吆喝："各位女士先生，早上好！我刚进口了一些阿根廷香蕉，正宗的南美风味，数量有限，机会难得，快来买呀！"很快，他的摊前就围满了人。众人不停地盯着这些黄中带黑的"阿根廷香蕉"，有些犹豫，因为价格有些贵，对于买不买，还拿不定主意。

看到这么多人围到自己的摊位前，鲍洛奇兴奋极了，接着他又喊道："阿根廷香蕉，阿根廷香蕉！最新进口的。这种香蕉产在阿根廷靠海的地区，阳光充足，水分多，风味独特！我们公司好不容易购买到的。"他把这些黑而丑陋的"阿根廷香蕉"吹得名气如何大，风味如何好，又费了多大劲儿才搞到十几箱"最新品种"。

当人们半信半疑的时候，鲍洛奇看见一位穿着得体的小姐，于是不失时机地问："请问您以前吃过这种阿根廷香蕉吗?”这位小姐在摊位前看了很长时间，鲍洛奇早已注意到她了。她好奇地盯着这些香蕉已经很久了，看样子确实想买，只是还没有拿定主意。鲍洛奇决定从她身上打开突破口。

“我以前从来没有吃过这种香蕉。这些香蕉很有意思，就是有点黑。”小姐说。

“这正是它们的独特之处，否则的话，它们就不叫阿根廷香蕉了。你见过鹌鹑蛋吗?鹌鹑蛋也带有黑点，但是却特别好吃，不是吗?”鲍洛奇唾沫飞溅地说，“请您尝尝，您从来没有吃过这种风味如此独特的香蕉，我敢保证!”他马上剥了一根香蕉递到小姐手里，小姐接过吃了一口。

鲍洛奇不失时机地问：“味道怎么样，是不是非常独特?”

“嗯，味道确实不错。我买8磅。”小姐说。

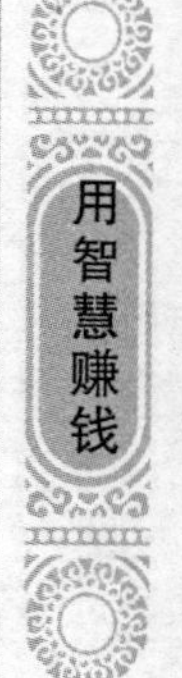

“这样美味的阿根廷香蕉只卖10美分一磅，已经是最便宜的啦。我们公司好不容易买到这么一点货，大家难道不想尝尝吗?错过机会您想买也买不到了。”鲍洛奇大声吆喝起来。

由于那位小姐已经带头买了，而且说味道很好，再加上鲍洛奇的鼓动，大家便不再犹豫，纷纷掏出钱来，想尝尝这种“进口香蕉”的味道。于是你买5磅，他买3磅，很快，16箱被大火烤过的香蕉竟然以高出市价一倍的价钱全卖出去了，甚至有许多慕名来买“进口香蕉”的人，因没有买到失望而归。

脚踏实地，循序渐进

犹太巨商大多是白手起家，他们从业之初一般做最底层的工作。他们的一大共性是都能将平凡的工作干得出色，如洛克

菲勒16岁为一个小商人做会计助理，因工作有条不紊、精细认真深受老板赏识；哈同在上海的沙逊洋行当门卫，因表现突出，一年后升任地产科领班；钻石大王彼德森16岁到一家珠宝店当学徒，敲敲打打一丝不苟，仅五个月就得到师傅的认可；股票超人约瑟夫·贺希哈从14岁到17岁，伏案画股票行情图，一画即三年。类似的事例太多，他们还有一个共性是工作之余看书学习。

犹太巨商如此，小商人也一样；白手起家时如此，功成名就后也一样，这是他们民族共同的特质之一。美联储主席格林斯潘身居高位多年，仍对经济理论和经济运行的细节了如指掌，尤其对统计数据非常在行。这种境况下能如此踏实，实属罕见。

特殊的历史和特殊的民族文化，铸就的犹太商人无疑是当今世界商界最为耀眼的明星，值得我们学习的东西很多，尤其是他们作为国际金融巨头及世界贸易的先行者和成功者。1925年，乔治伯爵对犹太民族评论道："你尽可以诉说你一直在遭受压迫和迫害——可这正是你的力量；你已经千锤百炼，这是你从不断裂的原因之所在。"

犹太人的赚钱观念

犹太人的经商活动，有一个看似简单别人却很难做到的特点，他们对顾客总是一视同仁，而不带一丝成见。在犹太人看来，因为成见而坏了可以赚钱的生意，太不值得。

犹太人散居世界各地，他们对各国人都视为同胞。无论是住在华盛顿、莫斯科或伦敦等地，犹太人之间都经常保持密切的联系。

要想赚钱，就得打破固有的成见，这是犹太人经商时得出的训诫，就像金钱没有肮脏和干净之分。犹太人对赚钱的对象也是不加区分的。在犹太人的脑海里，在进行贸易往来时，无论你是美国人还是俄国人，无论你是欧洲人还是非洲人，只要你和他的这笔交易能给他带来利润，他就可以和你交易。犹太人绝对不会因为对方是异教徒或者是黑人而放弃一笔能赚钱的生意。

要赚钱，就不要顾虑太多，不能被原来的传统认识和观念所束缚。要敢于打破旧传统，接受新观念。

我们知道，金钱是没有国籍的，所以，赚钱就不应当区分国籍，或为自己设置赚钱的种种限制。聪明的犹太人很早就认识到这一点，所以他们很团结，结合在一起共同赚外国人的钱，这就是他们致富的原因所在。

犹太人世俗的上帝——金钱

金钱，被犹太人视为世俗的上帝。绝大多数犹太人都信仰上帝，上帝对犹太人有极其重要的影响。如果说上帝不存在，犹太人首先就会对他们自身的存在产生疑问。其实，上帝存在与否并不重要，因为信仰造就了人们心目中的上帝，信仰使上帝不可亵渎。

犹太民族是个幽默而机智的民族，他们满嘴是精明而风趣的笑话。他们调侃上帝，但是从不调侃金钱。

有一次，劳布找格林借钱。

“格林，我眼下手头拮据，你能借我一万先令吗？”

“亲爱的劳布，我可以借。”

“那你要百分之几的利息？”

“9%。”

“9%？”劳布叫起来，“你发疯了，你怎么向一个教友要9%的利息？上帝从天上俯视时，对你会有什么想法？”

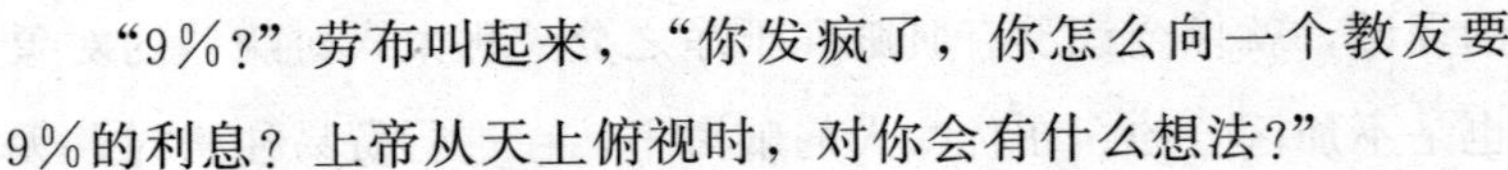

“上帝从天上俯视时，9像个6。”

劳布无言以对。

崇拜现金

犹太商人做生意，是以现金为标准的，不愿意赊账。他们对贸易伙伴的信誉评估时，首先考虑的是他的公司值多少钱，他的财产可换成多少现金，然后在此基础上与其做生意或确定价格条款。他们认为，世事多变，风雨无常，一旦发生天灾人祸，除了现金外，别无他物可以让人东山再起。犹太人注重现金，可能与他们长期遭受迫害排挤有关。在许多国家，他们都多次遭受排挤，每次排犹活动都没收他们的财产，能逃生者都是因为有现金在手，这种历史教训使现金至上的观念。

对于这一点，无论犹太商人，还是其他民族的商人都有所觉察。

有一位犹太人，病危临终之际，立下遗嘱：“请将我的财产全部兑换成现金，用这些钱买一张高级毛毯和床，然后把余下的钱放在我的枕头里面。等我死后，再将它们一同放进我的坟墓，我要带这些钱到天国去。”

富翁死后，亲人依照他的遗嘱准备将他的所有财产换来的现金一同埋进他的坟墓，这时，他的一个朋友觉得这样太可惜，就灵机一动，飞快地掏出支票和笔，签下同等的金额，撕下支票，放入棺材。他轻轻地对富翁说：“伙计，金额与现金相同，你会满意的。”

这则故事说明了犹太人对现金的偏爱。正如我们生活中的一则俗语所言，“赊三不如现二”。犹太人之所以奉行彻底的现金主义，一方面是因为他们在大流散中可以随身携带现金逃跑，另一方面是因为他们对任何人都不放心。他们认为只有现金是安全、可靠和永恒的。

第十八辑　赚钱无禁忌

《塔木德》中说："时间是商品，知识是商品，那么国籍当然也可以成为商品，而且是一种特殊的商品。"犹太人认为国籍可以成为商品，而且比普通商品更具有特殊性。

金钱没有性质

犹太人认为金钱是没有性质的，所谓的性质是人自己主观强加给金钱的。如果说金钱在恶人手里就是罪恶的，那么善良的人把它赚回来就是善良的。

犹太人认为，主观区分钱的性质是件荒唐的事，那样做不但浪费时间，又束缚思想。

由于犹太人对金钱不问出处，这样保证了他们的思想是完全自由的，丝毫不受世俗观念的约束。在他们的眼里，什么生意都可以做，什么钱都可以赚，即使"卖棺材也可以赚钱"。

赚钱是自然而合理的，没有必要考虑很多的东西。作为商人，他的任务就是赚钱，此外别的任何东西，都不过是用来赚钱的工具和手段而已。

正是因为犹太人认识到金钱的性质，所以，他们在投机时，对于所借助的东西，是不存在一点感情的，只要有利可图，且不违法的事情，拿来用就是了，完全不必过多考虑。

他们的目的就是赚钱，他们所信奉的就是做生意，获得最大的利益。

利用国籍合理赚钱

犹太商人罗恩斯坦就是一个典型的靠国籍致富的人。

罗恩斯坦的国籍是列支敦士登，但他并非生来就是列支敦士登的国民，他的列支敦士登国籍是用钱买来的。他为什么要买此国籍呢？

列支敦士登是位于奥地利和瑞士交界处的一个极小的国家，人口只有1.9万人，面积157平方公里。这个小国与众不同的特点，就是税率特别低。这一点对外国商人有极大的吸引力，引起各国商人注意。为了赚钱，该国出售国籍，定价7000万元，获取该国国籍后，无论有多少收入，只要每年缴纳10万元税款就行了（不分贫富）。

因而，列支敦士登国便成为世界各国有钱人向往的理想国家，他们极想购买该国的国籍。然而。一个小国容纳不下太多的人，所以想买到该国国籍并不容易。

但是，这难不倒机灵的犹太商人。罗恩斯坦就是购买到列支敦士登国籍的犹太商人之一。他把公司总部设在列支敦士登国，办公室却设在纽约。在美国赚钱，却不用交纳美国的各种名目繁杂的税款，只要一年向列支敦士登国交纳10万元就足够了。他是合法避税者，减少税金，获取更大利润。

罗恩斯坦经营的是“收据公司”，靠收据的买卖，可赚取10%的利润。在他们办公室里，只有他和打字员，打字员每天

的工作，是打好发给世界各地服饰用具厂商的申请书和收据，他的公司实质上是斯瓦罗斯基公司的代销公司，他本人也可以说是一个代销商。

提及斯瓦罗斯基公司，便想起罗恩斯坦致富的本钱——美国国籍。下面是罗恩斯坦的一个故事。

达尼尔·斯瓦罗斯基家族是奥国名门，他们的公司世世代代生产玻璃制假钻石的服饰用品。精明的罗恩斯坦最初便看准了这家公司。只是时机未到，他只好静静地耐心等待。

第二次世界大战后，斯瓦罗斯基的公司，因在大战期间迫于德军的压力而不得不为其制造望远镜，故法军决定将其没收。当时是美国人的罗恩斯坦，悉知情况后，立即与斯瓦罗斯基家族进行交涉：

“我可以和法军交涉，不没收你的公司。交涉成功后，请将贵公司的代销权让给我，直到我死为止。阁下意思如何？”

斯瓦罗斯基家族，对于罗恩斯坦如此苛刻的条件十分反感，大发雷霆。但经冷静考虑后，为了自身的利益，只好委曲求全，为保住公司的巨大利益，接受了他的条件。

对法国军方，他充分利用美国是强国的威力，震住了法军。在斯瓦罗斯基家族接受他的条件后，他马上前往法军司令部，郑重提出申请：

“我是美国人罗恩斯坦，从今天起斯瓦罗斯基家族的公司，已变成我的财产，请法军不要予以没收。”

法军哑然，因为罗恩斯坦已经是斯瓦罗斯基家族的公司主人，即此公司的财产属于美国人。法军无可奈何，不得不接受罗恩斯坦的申请，放弃没收的念头。美国人的公司，法国是不敢没收的，因为他们惹不起美国。

以后，罗恩斯坦未花一分钱，便成立了斯瓦罗斯基公司的代销公司，大把地赚取钞票。

罗恩斯坦致富，是国籍帮了他的大忙，以美国国籍作为发家的本钱，再靠列支敦士登国的国籍逃避大量税收，赚取大钱！

借用资源赚钱

《塔木德》中说："没有能力买鞋子时，可以借别人的，这样比赤脚走得快。"

犹太金融大鳄索罗斯基金创立时只有 4 万美元的资本，靠这点钱在华尔街根本掀不起风浪。因此，索罗斯和罗杰斯采取了自己的一套策略。这套策略概括地说，就是"以利生利"，也就是金融界常说的"利用别人的钱来为自己赚钱"。

这一策略，被索罗斯形象地比喻为"杠杆原理"。

在大多数投资者胆战心惊的日子里，敢于冒险的索罗斯脱颖而出。他利用多数投资者的心理，大胆卖空大多数机构宠爱的股票，如迪斯尼、波拉德和特洛比卡娜等，赚取了丰厚的利润。他又以 120 美元的价位，卖空了典型的"一次性"股票——雅芳股票，同样获得了成功。

正是利用这两个原理，他们获得了成功，其资本增长速度之快，令同行们羡慕不已。

就这样，索罗斯与罗杰斯不断地相互引导，相互启发，共同走上华尔街成功的巅峰。

借人之财，强己之身

自己能经营赚钱的商人，说明他有经商本领。不用自己经

营，请别人为他赚钱的商人，更体现出他的经商才华。实践表明，后者往往比前者赚取的钱更多。

犹太人不论在商界、政界，还是在科技界的成功者，都是善于借用别人之“势”，巧借别人之“智”的高手。

美国前国务卿基辛格在处理白宫内的事务时，就是一位典型的巧于借用别人力量和智慧的能手。他有一个习惯，凡是下级呈报来的工作方案或议案，他先不看，压上几天后，把提出方案或议案的人叫来，问他：“这是你最成熟的方案（议案）吗？”对方思考一下，一般不敢认为是最成熟的，只好回答说：“也许还有不足之处。”基辛格就让他拿回去再思考和修改。

过了一段时间后，提案者再次送来修改过的方案（议案），此时基辛格把它看完了，然后问对方：“这是你最好的方案吗？还有没有比这个方案更好的办法？”这又使提案者陷入更深层次的思考，把方案拿回去再研究。

反复让别人深入思考研究，用尽最佳的智慧，达到自己的目的，这就是基辛格的一手高招，也反映出犹太人的一种成功诀窍。

巧用机遇，借势经商

在德国一个偏僻的小镇上，却有一家世界最大的体育用品公司——阿迪达斯公司。这个小镇只有 1.7 万人，而这家公司却有 4 万名职工，分布在全世界 40 个国家的子公司中。这家公司经营各种体育用品，但最主要的产品是足球鞋，每年各分公司共生产 25 万双足球鞋。

70 年前，阿迪·达斯勒兄弟俩在母亲的洗衣房里开始从事制鞋业。他们边制边卖，销路看好。弟兄俩重视质量，不断地在款式上创新。他们不厌其烦地量下顾客脚的尺寸、形状，然后制鞋，于是每双鞋都能满足顾客的要求。由于种种有利于顾客的经营方式，使他们的家庭制鞋作坊发展很快，几年时间就扩展成一家中型制鞋厂。

1936 年的奥运会来临之前，阿迪·达斯勒兄弟发明了短跑运动员用的钉鞋。他们又派人打探参赛运动员情况，当得知美国短跑名将欧文斯很有希望夺冠的消息后，便无偿地将钉鞋送给欧文斯试穿。后来欧文斯不负众望，果然在比赛中获得 4 枚金牌。

于是欧文斯穿的钉鞋一举成名，阿迪鞋厂的新产品成了国内的畅销货，阿迪鞋厂也就变成了阿迪公司。用体育明星来创品牌的办法太妙了！此后，老阿迪屡屡使用这种手法。不久老阿迪又发明了可以更换鞋底的足球鞋，并把新产品无偿送给德国足球队。1954 年，世界杯足球赛在瑞士举行，不巧，比赛前下了一场雨，赛场上泥泞，匈牙利队员在场上踉踉跄跄，穿着阿迪达斯足球鞋的联邦德国队却健步如飞，并第一次获得世界杯冠军。至此，“阿迪达斯”名震海内外。

自己的能力总是有限的，如果善于借助别人的力量，这样就能使自己的能力发挥到最大限度，从而达到自己的目的。

第一个发财秘诀

《塔木德》说：“别想一下子就造出大海，必须先由小河流开始。”

亚凯德有一次对学生们说：“我的第一个囤积金钱的仓库，就是一个破烂不堪的钱包。我常常为空钱包发愁，因为我要使它变得饱满，所以拼命追求发财秘诀，终于让我找到了 7 个发

财秘诀。

“坐在我面前的各位先生，我要将这些发财秘诀介绍给各位。希望每位想发财的人都能获得这些秘诀。

“我用很简单的方法教你如何发财，这种简单方法是打开财库大门之锁的钥匙，否则你们就不能走进财库。

“现在让我们来讨论第一个发财秘诀。”

亚凯德指着第一排的一个人，问：“朋友，你是干哪一行业的？”

那人回答：“我是一位文书员，在泥版上面刻制各种记录。”

“我以前也是靠这种工作赚到第一笔金钱，因此，我认为你的赚钱方法和我相同。”

亚凯德继续问：“请你告诉我，除了刻制记录以外，你还有其他谋生方法吗？”

“我是屠夫，我购买农民喂养的山羊，把山羊宰杀后将肉卖给家庭主妇们，把皮卖给鞋匠。”

“因为你会工作，当然你能赚钱，所以你会利用使你发财的每个大好机会。”

亚凯德使用这种问答方式，以便了解每个人的谋生方法。当结束这种提问以后，他说：“各位同学，现在你们知道谋生的工作很多，赚钱的行业也不少。赚钱的方法就是金钱的来源，做完一件工作你的钱包里就多一份财富。由此可见，各位钱包里涌进的金钱是和各位的赚钱本领有密切关系，你们说对不对？”

同学们异口同声地赞成他的说法。

“那么，”亚凯德继续说，“假使各位希望发财，同时又把赚得的金钱胡乱花掉，像这样乱用金钱岂不太愚笨吗？”

学生们都认为他说得很对。

于是亚凯德转向一位自称卖蛋的谦虚人："假使你每天早上收进 10 个蛋放到篮子里，每天晚上你从篮子里取出 9 个蛋，其结果如何呢？"

"时间久了，篮子就要满啦。"

"这是什么道理？"

"因为我每天放进的蛋比取出的蛋多一个呀。"

亚凯德转身，笑对全班学生："在座的各位同学中，哪位同学的钱包是空的？"

最初，同学们彼此观望，觉得亚凯德在逗人发笑，都哈哈大笑起来。最后，他们把钱包在空中摇响作乐。

"好啦，"亚凯德继续说，"现在我向各位介绍发财的第一个秘诀，你们要照我告诉蛋商的发财秘诀去做。因为你把 10 块钱放进钱包里，但你只取出 9 块钱作为费用，这表示你的钱包已经开始膨胀。当你觉得钱包重量增加时，你一定有满足感。

"不要以为我的办法太简单而嘲笑我，发财秘诀往往都是很简单。开始，我的钱包也是空的，无法满足我的发财欲望。不过，当我开始放进 10 块钱只取出 9 块花的时候，我的空钱包便开始膨胀。我想，各位如果如法炮制，各位的空钱包自然也会膨胀。

"现在让我介绍一个奇妙的发财秘诀，它的道理我也说不清。当我的支出不超过全部收入 90%时，我就觉得生活过得很不错，不像以前那么穷困。不久，我觉得赚钱也比以前容易。能坚持只花费全部收入一部分的人，就很容易赚到金钱。反过来说，花尽所有存款的人，他的钱包永远都是空空的。

"各位同学，上面所说的就是我的第一个发财秘诀。

“每次当我把 10 块钱放进钱包的时候，我最多只花费 9 块钱。同学们，请你们互相讨论，互相辩论，如有任何一位同学证明我第一个发财秘诀没有功效，请在第二天见面的时候告诉我。”

第二个发财秘诀

第二天，亚凯德说：“你们有人向我提出这个问题，如果一个人的全部收入还不够必要的支出，他如何能留下 10％的金钱作为储蓄呢？”亚凯德第二天上课时问学生。

“昨天带空钱包上课的，是哪几位同学？”

“全体同学。”全班学生齐声回答。

“可是，你们的收入也未必完全相同，有些人收入较多，有些人收入较少，有些人家庭负担较重，有些人家庭负担较轻，但有一个共同之处，你们的钱包都是空的。我现在要提出一个我和儿子都要遵守的发财秘诀，那就是：不要让我们的支出超过我们的收入。如果支出超过收入，便是不正常的现象。

“不要把支出和各种欲望搅在一起。各位的家庭都有不同的欲望，可是这些欲望是各位的收入不能满足的。因此，你们不能把你们的收入花在不能满足的欲望上面，因为许多欲望是永远不能满足的。

“人常为不能满足的欲望愁苦。你们以为我有这么多的金钱，一定就可以满足每个欲望了吗？这种思想是不正确的。我的时间有限，精力有限，能去的地方也有限，吃的食物也有限，而且我的享乐范围也有限。

“我说欲望好像野草，农田里只要留有空地，它就生根孳长，繁殖下去。欲望也是如此。只要你有欲望，它就会生根繁殖。欲望是无穷尽的，但是你能满足的却十分少。

“你们要仔细研讨现在所过的生活习惯，你们认为有些是必要的支出了，但经过理智思考之后便会觉得可以把支出减少，甚至觉得可以把它取消。你们要把这句话当作格言：花出一块钱，就要发挥一块钱100%的功效。

“因此，当你在泥板上面刻制法典准备换取支出费用的时候，你要根据支出和储蓄原则，慎重购买必需品以及可能需要的物品。把不必要的东西全都删除，认为那是无穷欲望的一部分，而且不可反悔。

“把一切的必须开支做一次预算，切记不要动用储蓄的10%，因为那是致富的本钱。你要养成储蓄致富的意志，保持只支出预算，预算须作有利的调整，调整预算能帮你保住已经赚到的金钱。”

有一位学生站起来说：“我是一个爱好自由的人，我觉得这样并不好，因为它限制购买的金钱数目，使我变成背负重担的驮驴。”

亚凯德问：“同学，是谁决定预算呀？”

“我自己决定预算。”那位学生说。

“照你所说，难道驮驴会在钱包里面藏着宝石、贵重地毯和大量金条吗？当然不会的。驮驴只会在背包中藏些稻草、五谷和在沙漠旅行时必需的水袋罢了。

“预算的用途要帮助你发财，帮助你获得一切必需品。如果你还有其他愿望的话，预算也可能帮助你达成这些愿望。只有预算才会使你摒弃不正确的欲望，满足最渴求的愿望。黑洞中的明灯，会使你看清黑洞的真正情况。预算就好像那盏明灯，它会帮你找到钱包中的漏洞，使你知道弥补漏洞，使你知道控制支出，把金钱用在正当的事情上。

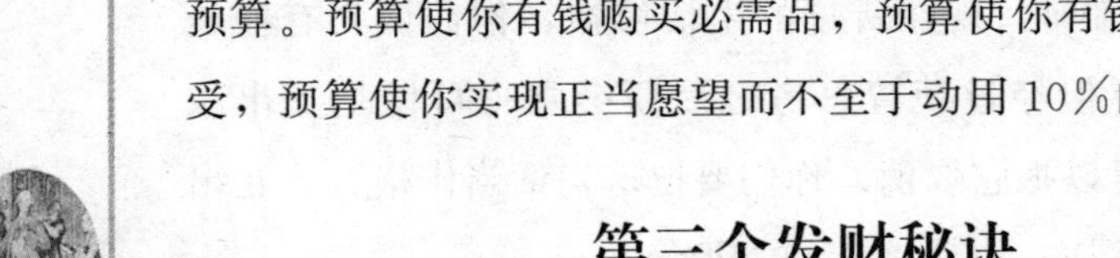

“由这一点看来，发财的第二个秘诀，就是一切费用须有预算。预算使你有钱购买必需品，预算使你有钱得到应有的享受，预算使你实现正当愿望而不至于动用10％的储蓄。”

第三个发财秘诀

第三天，亚凯德说：“看啊，你的财富日渐增多了。那是因为你切实遵循储蓄10％的缘故，也因为你控制支出，使赚得的金钱不会浪费的缘故。其次要研究的就是如何使金钱为你做工，替你赚得更多的金钱。守财奴把金钱放在钱包里面，那只能满足他的守财奴心理，但是不能替他增添金钱，从收入里取出部分金钱储蓄只是发财的初始手段，储蓄金钱能替我们产生利息才可以让我们发财。

“可是，应该怎么办才可以使金钱替我们做工呢？我自己第一次投资失败了，我丧失全部的资金，其中详细情形留待以后再告诉各位。第一次使我赚钱的投资，就是我把钱借给名叫亚格尔的盾牌制造匠，他每年都花费大笔金钱，从海边买进许多制盾的黄铜。由于资金不够，亚格尔每年都向有多余金钱的人借贷。他是很有信誉的诚实商人，只要货品卖出，立即偿还借款，而且给予优厚的利息。

“我每次借给他金钱，他不但偿还我的借款，还附带优厚的利息。日子久了，我的本金不但增加了，收入也随之增加了。最令我喜在心头的，就是我赚得的金钱丝毫未被浪费。

“各位同学，让我告诉你，一个人的财富不是随身携带的钱包里的钱，而是他经营事业所得到的收入，收入才是一个人的金钱来源，才是增加财富的源泉。每个人都希望有收入，在座的各位同学当然也希望有收入，而且不论自己做工或者旅行

都有源源不断的收入。

“我曾得到一笔庞大的收入，由于数字太庞大了，因此人家把我称为大富翁。我把金钱借给亚格尔是我学习投资的开始，从经验中得到智慧。当我本钱增多了，我就扩大贷款和投资范围，起初是和少数人打交道，随后便和更多的人打交道，金钱就像潮水般地流进我的钱包里面。我只要理智地运用，就有金钱来支持这项用途，真是得心应手，无往不利。

“各位已经知道，我是从微薄的收入开始获得庞大的金钱奴隶，每个金钱奴隶都为我做工，替我赚到更多的金钱。因为这些金钱奴隶替我做工赚钱，它们的儿子、孙子，它们的子子孙孙都是为我赚钱的奴隶，它们赚钱的总和便构成我的庞大收入。

“我愿意向各位同学讲一个故事，使你们明白迅速增加财富的道理。从前有一位农夫，当他的长子出生的时候，他把10块钱借给一位告贷者，并且向告贷者言明借款须付利息，等他长子年满20岁时再把本利合并偿还。告贷者答应他的条件，利息是本金的1/4，每隔4年核算一次。农夫同时还要求，因为这笔钱归他长子所有，所有利息应该算到本金里面。

“当农夫的长子年满20岁时，农夫就到告贷者家中取钱。告贷者对农夫说，因为是按照利息复利率计算的，所以当初的10块钱现已变成30块5角了。

“农夫当然高兴极啦。因他长子并不需用这笔金钱，他又把这笔钱借给告贷者。当他的长子50岁的时候，这位农夫与世永别，告贷者便和农夫的长子结算债务，使他得到167块钱。

“你们知道，10块钱的50年投资，几乎可以得到17倍的回报。

“那么，第三个发财秘诀就是让每块钱替你做工。金钱好比田野中的羊群，不断地替你生出小羊，使你的钱包里源源不断地有金钱流进，使你得到连绵不断的收入。”

第四个发财秘诀

第四天，亚凯德说：“金钱容易发生意外，任何人的钱包都要留心看管，否则就要损失金钱。先要学会看管少数金钱，然后才能管理更多金钱，这是最聪明的提防财物损失的办法。

“当似乎可以获得大笔金钱的投资机会出现时，每位有钱的人莫不蠢蠢欲动，为那大笔利润所迷惑。有些时候，那些热衷于投资事业的亲戚和朋友，也会劝你参加那种投资。

“本金有安全保障的投资才是第一流的投资原则，为求高利而丧失本金的投资事业，难道是聪明的投资方法吗？我可以告诉你，这绝不是聪明的投资方法，冒险的结果可能就是损失。先要仔细研究分析，当你深信绝无冒险成分存在的时候，才可以拿出部分金钱作资本。不要被急于发财的心情蒙蔽，以致做毫无把握的投资。

“先要考虑借钱人的偿还能力，他的商业信誉如何，认为确实没有冒险成分存在时，才可以把钱借给他。否则，你等于把辛苦赚到的金钱当礼物送给他了。

“你先要看清某种投资事业的四周是否潜伏着危险，如果没有危险成分存在，你才可以下决心投下资本。

“我自己的第一次投资是彻底失败了，那是因为我把一年辛劳储存的金钱交付一位名叫亚义慕的烧砖匠。当时他渡海到泰尔旅行，答应替我购买腓尼基人的珍贵宝石，等他带回宝石时我们就在市场出售，然后平分利润。谁知道腓尼基人竟是无赖汉，把一些玻璃片卖给亚义慕，我的金钱就完全丧失了。现在我有了经验，对于以前相信烧砖匠采购宝石的能力，实在觉得愚不可及。

“因此，我现在要把自己从失败教训中得到的智慧介绍给你们。可能有阴谋圈套的投资事业，你们不要过分自信地投下资本，最稳健的办法就是先向具有发财经验的人请教，这种请教不会让你付出代价，而能得到的利益，可能等于你投资的钱。这不是说假话，但是，如果你丧失投资的本钱另当别论了。

“最重要的事情，就是你们千万不要把装满的钱包又变成空钱包。因此，第四个发财秘诀就是，投资一定要安全可靠，必要时须能收回资本，同时还能获得规定的利润，这样才不会丧失财富；要向有经验的聪明人请教，听从有发财经验的人劝告。对于不安全的投资事业，你要理智，以免损失金钱。”

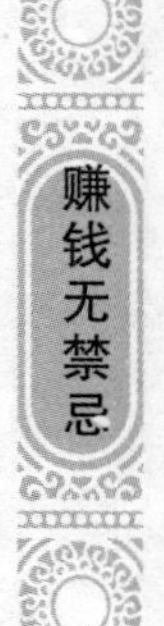

第五个发财秘诀

第五天，亚凯德说：“假使某个人能把全部收入 90%用作生活和娱乐费用。同时，假使他在不影响生活的条件下，能把90%生活费用中的任何一部分用于有利投资事业方面，那么他的发财目标一定可以加速实现的。

“许多巴比伦人的家庭都住着不相称的房屋，家庭主妇找不到一块土地栽种心爱的花草，孩子找不到合适的地方游戏，只好在肮脏的小巷里胡闹。因为他们要向房东缴纳大量的房租，哪有余钱兴建自己的住宅？

“一个人的家园须有充足的土地，使孩子有干净的场地可以游戏，使主妇不但有地方栽植花草，而且有地方种植食用的

新鲜蔬菜，这样的家庭才有甜蜜的生活乐趣。

“有坚定发财意志的人，一定有能力建立属于自己的家庭。我们的大王花费许多钱买进这么多的土地，又用巴比伦城墙保卫这块土地，难道大王这样的作为不妥当吗？

“我还要告诉各位同学，放债的财主都乐意帮助借钱成家立业的人，只要你们拿出自己准备盖房的少许金钱给财主们看，他们一定肯借给你支付砖瓦匠和泥水匠所需的金钱。

“把房屋盖好以后，你们可以按照支付房东房租的类似办法偿还财主的借款，你偿还一次，你的债务就减少一些。若干年以后，你就不会再欠放债人的债款啦。

“到了这个时候，你的心中一定充满了欢乐，因为你已成为有价值产业的主人翁，你所应支出的只是国王的税金。

“你的妻子常会到河边洗衣裳，当她回家的时候，一定会顺便提一袋水回家，灌溉她心爱的花卉和蔬菜。

“照这样看起来，一个人有了自己的住宅以后，才会享受美满的家庭生活，才会大大节省生活费用，才会得到收入带来的乐趣，也才会达到自己的愿望。因此，第五个发财秘诀，就是拥有属于自己的住宅。”

第六个发财秘诀

第六天，亚凯德说：“每个人都有从小到老的一生，这是人生必经的过程，任何人都不能例外，只有上帝与人不同。因此，我要告诉各位同学，当一个人年纪增大时就要为将来准备一些必要收入。当一个人觉得与家人相聚时间不长的时候，就要做使家人舒适的安排。这一课的重点，就是在使各位知道自己不能再学赚钱本领时，必须使自己的钱包装满金钱。

“明白赚钱原则和知道发财道理的人，就应该为将来打算，应该向长期可靠的投资事业投下资金，且确信在预定时间可以收回这笔资金，如此投资才算妥当。

“为将来做打算有许多不同方法，譬如你选定一处隐秘的地方把财宝埋藏起来，可是，不管你的埋葬方法如何高明，都难免不被小偷发现，因此我认为这个埋宝方法不是上策。

“有人为了将来生活有保障，把金钱用于购买房屋或田地，如果他真的在将来的用途和价值两方面都有明智的抉择，那么田地或房屋就有固定的价值，可以作为将来的收入，或者把它出售，也可以变为维持将来生活的费用。

“一个人也可以把少数的金钱借给需要用钱的人，到了一定时候本钱就会增多，因为把利息加到本钱里，他的收入定会增多。我认识一位名叫安三的鞋匠，他曾告诉我，他每个星期借给人家两块钱，前后共计 8 年的时间，最近收到那人给他一张账单，使他十分惊喜。那笔 8 年的小储蓄，加上每 4 年本金 1/4 的利息，现在居然变成 1004 块钱。

“我用我的数学知识给他演算，并且告诉他，若他仍然每周向告贷者储存两块钱，一直储存到 12 年，那么他将来所得到的生活津贴就会有 4000 块钱，足够他晚年的生活费用。我这番话使他得到很大的鼓励。

“这绝不是骗人的事情。因此，无论你的商业和投资事业如何发达，你都应该为你的家庭、为你的第一年投下资产保险，因为每周的两块钱储蓄是个小数目，到了 12 年就变为 4000 块钱的大数目。这是多么有利的投资。

“关于这一点，我还有一些话要告诉各位同学。在我的心里有一个坚定的信念：将来一定有些聪明人发明人寿保险办法，投保人只需按期缴纳少数保险费。将来投保人一旦死亡，

他的家属就会得到一笔庞大的累积金。我认为这是行得通的办法，所以我个人极力主张实行这个办法。可惜今天这个办法不能实现，因为投保人必须残废才能获得那笔累积金。这是一个十分可靠的办法，将来总有一天会实行的，而且必定能让许多人受到实惠。因为，万一投保人离世，他家人将会领到数目庞大的受益金。

“但因为我们是生存在现在，不是生存在将来，所以我们必须运用现在的一切赚钱方法为将来做准备。我要劝告各位同学，你要妥善运用一切方法，趁着年轻力壮可以赚钱的大好时光，尽量赚钱，多多发财。因为贫穷对于老年人，以及对于没有家长的家庭都是十分悲痛的事情呀。

“那么，第六个发财秘诀，就是为了防老和养家，你应该尽早准备必需的金钱。”

第七个发财秘诀

第七天，亚凯德说：“今天我要向各位同学介绍的就是最重要的发财方法，但是，今天的讨论主题不是金钱，而是讨论金钱的主人，他们就是身穿黑颜色的衣服，现在坐在我面前的每位同学。我要讨论各位同学心里所想的事情，以及那些能够影响你们事业成败的一切事物。

“不久以前，有一位青年到我家来向我借钱。当我问他为什么要借钱的时候，他说因为收入太少不够开支。我根据他的谈话向他做了一番解释，你没有赚钱还债的能力，你在放债人的心中是不受欢迎的顾客，你要明白你自己的缺点。

“年轻人，你现在所要做的，就是赚取更多的金钱。你为什么不学习赚大钱的本领呀？

“他回答，我能够做的，已在两个月内向老板要求加薪 6 次，但是老板一直没有增加我的薪水。你知道，别人没有在两月内 6 次向老板要求加薪。”

“我们都笑他头脑简单，不过，他有一个长处，那就是他有加薪的念头。他有强烈的赚大钱愿望，这种愿望是正确的，而且也是值得别人效仿的。

“人必须先有希望而后才会有成功。各位同学的希望必须坚定不移，而且必须具体可行。不是坚决的希望，就会变成没有结果的欲望，因为意志不坚定的人不会有多大成就。一个人如有赚取 5 块钱的欲望，这个欲望应该是通过努力可以实现的。当他实现这个欲望以后，就有力量去实现赚取 10 块钱的欲望，依此类推，他就能赚取 100 块钱……1000 块钱……如此持续下去，他就能成为富翁。这是什么道理呢？因为赚小钱使他得到赚大钱的经验，而且财富是日积月累逐渐形成的，先是储蓄少数金钱，再过一些时间就变成数目较大的金钱，然后等你赚钱本领增大的时候，你的财富也就随之增大了。

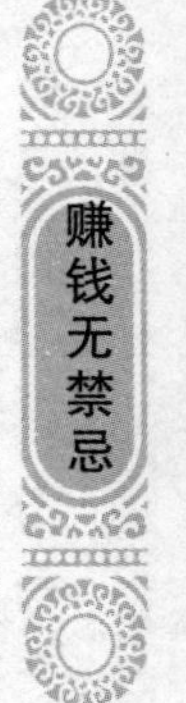

“希望必须简单而且确定，希望太多就会互相抵消，使你混淆不清，甚至因为分散力量而使希望无法实现。

“一个人能在工作中不断地充实自己的才智，他的赚钱本领也会随之增大的。当年我做文书员，在泥版上面刻制律法，每天只能赚几块钱。同时，我也观察其他工作人员。他们做的工作多，赚钱也多。没有多久，我就发现他们赚钱的理由。于是，对于自己的工作产生更大的兴趣，全神贯注地工作，努力工作的决心更加坚定。后来，在一天之内，没有任何人做的工作比我更多。因为我的工作速度迅速，技术精良，于是得到了应该得到的报酬，不必等我走到主人面前请求加薪，薪水就会自然增加。

“我们赚钱的本领愈大，我们赚到的金钱也就愈多。一心一意追求工作技艺的人，他的工作报酬也就增多。如果他是一位工匠，他就应该学习技术精良同行的做工方法，以及学习使用同行的做工工具；如果他是律师或是医生，他就应该向同行请教，以及和同行交流工作经验；如果他是商人，他就应该不断地寻求更好的商品，而且能用较低价格买到较好商品。

“人是经常变动的，你必须经常提高自己的学识和才能，有远大眼光的人才会掌握更多的发财本领，因为赚取金钱完全依赖丰富的发财本领。由此观之，我要奉劝各位同学，你们必须眼观前方，而且不可停止前进，否则就要成为时代的落伍者。

“先有赚钱的经验，然后你们的生活里才会充满完美的事物。你们若想自己尊重自己，必须认真做好下面的各件事情。

“你们要在自己的能力范围内尽快还清债款，不可购买没有能力付钱的任何东西。

“你们必须尽心尽力照顾家庭，使家人常常想念你，称赞你。

“你们必须立下遗嘱，万一上帝召你返回天国的时候来到，使你家人可以正当分享你的遗产。

“你们必须怜悯受伤的人或受打击的人，同时在能力范围以内救助他们；你们必须付出实际行动，表示你对亲友的关怀。

“由此观之，第七个发财秘诀，就是培养自己的力量，从学习中获得更多的智慧，使自己的技能不断提高，同时要用事实表示自己尊重自己。这样你就有自信，相信自己可以达成自己的期望。

“我自己因为拥有长期积累的赚钱经验，第七个发财秘诀就是我自己的经验之谈。想要发财，你们就必须身体力行。

“各位同学，巴比伦的金钱还多得很呢，连你们做梦都想不到的那么多，这些钱正等候你们去赚取。

“各位同学，努力前进，把你们学会的发财秘诀转告全体的老百姓，使他们都能分享巴比伦市的大量财富。

“金钱给人间以光明，金钱给众生以温暖。金钱让说坏话的人舌头发硬，金钱让举起屠刀的人呆立发愣，金钱给神购买了礼物，敲开了神的那道紧闭之门。”

贫穷并不可怕，只要对自己充满信心，满世界的钱都等着我们去赚。

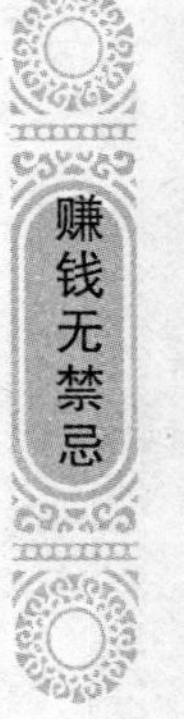

第十九辑　每次买卖都是初交

《塔木德》中说："自己不去思考和判断，就等于把自己的脑袋交给别人保管。"犹太人在生意场上的格言就是"每次买卖都是初交"。

商场如战场，不轻信他人

在犹太人之间，无论有无契约，只要口头答应，就可以信任。若对方为非犹太人，纵然有契约约束，也不可信任。

这里有个关于美国石油大王洛克菲勒的故事。

在 19 世纪初，德国人梅特里兄弟移居美国，定居密沙比。他们无意中发现密沙比是一片含铁丰富的矿区。于是，他们用积攒的钱，秘密地大量购进土地，并成立了铁矿公司。洛克菲勒后来也知道了，但由于晚到了一步，只好在一旁垂涎三尺，等待时机。

1837年，机会终于来了。由于美国发生了经济危机，梅特里兄弟陷入了窘境。

一天，矿上来了一位令人尊敬的本地牧师，梅特里兄弟赶紧把他迎进家中，待作上宾。

聊天中，梅特里兄弟的话题不免从国家的经济危机谈到了自己的困境。

牧师听到这里，连忙接过话题，热情地说："你们怎么不早告诉我呢？我可以助你们一臂之力啊！"

走投无路的梅特里兄弟大喜过望，忙问："你有什么办法？"

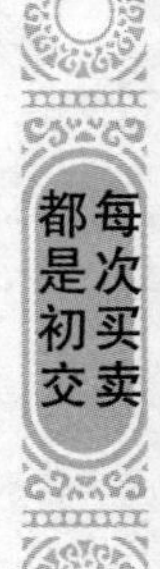

牧师说："我的一位朋友是个大财主，看在我的情面上，他肯定会借给你们一笔钱。你们需要多少？"

"42万就行。可是，你真的有把握吗？"

"放心吧，一切由我来办。"

"利息多少？"

梅特里兄弟原本认为肯定是高息，但他们也准备认了。

不料牧师道："我怎么能要你们的利息呢？"

"不，利息还是要的，你能帮我们借到钱，我们就已经非常感谢了，哪能不付利息呢？"

"好吧，就算低息，比银行的利率低2厘，怎么样？"

梅特里兄弟以为是在梦中，一时呆住了。

于是，牧师让他们拿出笔墨，立了一个借据："今有梅特里兄弟借到考尔贷款42万元整，利息3厘，空口无凭，特立此据为证。"

梅特里兄弟又把字据念了一遍，觉得一切无误，就高高兴兴地在字据上签了名。

事过半年，牧师再次来到梅特里兄弟的家里，对梅特里兄

弟说："我的那个朋友是洛克菲勒，今天早上他来了一封电报，要求马上索回那笔借款。"

梅特里兄弟早已把钱用在矿上，一时间毫无还债的能力，于是被洛克菲勒送上法庭。

在法庭上，洛克菲勒的律师说："借据上写得非常清楚，被告借的是考尔贷款。在这里，我有必要说明一下考尔贷款的性质，考尔贷款是一种贷款人随时可以索回的贷款，所以它的利息低于一般贷款利息。按照美国的法律，对这种贷款，一旦贷款人要求还款，借款人要么立即还款，要么宣布破产，二者必居其一。"

于是，梅特里兄弟只好选择宣布破产，将矿产卖给洛克菲勒，作价 52 万元。

几年之后，美国经济复苏，钢铁业竞争也激烈起来，洛克菲勒以 1941 万元的价格把密沙比矿卖给摩根。摩根还觉得做了一笔便宜生意。

也许有人会说洛克菲勒不守商业道德，但是洛克菲勒认为自己的行为完全是合法的、正当的。况且商业经营的最终目的是赚钱，其游戏规则是不受道德限制的。

犹太商人这种对待精明的坦然心态，是作为一种传统代代相传，在早期教育中就自觉培养的。

洛克菲勒的父亲叫威廉，他曾经说过："我希望我的儿子们成为精明的人，所以，一有机会我就欺骗他们。我和儿子们做生意，而且每次只要能诈骗或打败他们，我就绝不留情。"

洛克菲勒童年记忆中最深刻的一件事，一次父亲让他从高椅子上往父亲怀里跳，第一次父亲将他接住了。可是当他第二次纵身跳下时，父亲却突然抽回双手，让他扑在地上。威廉无疑是想通过这件事告诉洛克菲勒，世界是复杂的，不要轻信任何人。哪怕是最亲近的人，都可能成为你的敌人。犹太人在经商时，视商场为战场，视他人为假想敌，心里高度警惕，永不放弃戒备心。纵然是自己的妻子或者丈夫，也把他当外人看待，从不轻易信任。这也是犹太人防范交易风险的智慧之举。

生意场上容不得半点“温情脉脉”

犹太人和人做生意，无论对方和自己关系多好，也无论有过多少次生意往来，都把对方当作新手。

犹太人认为，在商业活动中，人与人往往是以利益维系的，人的良知和道德常会被金钱扭曲。一旦轻信别人，就可能倾家荡产，而且是求告无门。

比如，雨伞柜台的售货员不用开口，利用顾客的问话，就构筑好了一个陷阱。

“先生，您买这把漂亮的伞吧，我保证这是真绸面的。”

“可是太贵啦。”

“那么，您就买这把吧。这把伞也很漂亮，可是并不贵，只要 5 马克。”

“这把伞也有保证吗？”

“当然。”

顾客犹豫了很长时间，又问道：“保证它是真绸的？”

“不是……”

“那你又保证什么呢？”

“这个嘛……我保证它是一把伞。”

此则故事中的顾客差一点儿把“第二个保证”当成“第一

个保证”，从而买了一把仅仅保证是“伞”的伞。

绝不能因为上次的成功合作，而放松对这次生意的各项条件、要求的审察。把每次生意都看成是一次独立的生意，把每次接触的商务伙伴都当成第一次合作的伙伴。生意毕竟是生意，容不得半点“温情脉脉”。

第二十辑　在风险中淘金

《塔木德》中说："风险往往和收获是成正比的。"

只要值得，就要去冒险

犹太商人有一种理念，就是"只要值得，就要去冒险"。这种在风险中淘金的做法，是犹太商人非常令人折服的一种投资方式。

1921年的苏联，经历了内战与灾荒，急需救援物资，特别是粮食。哈默本来可以拿着听诊器，坐在干净的医院里，不愁吃穿地安稳度过一生，但他厌恶这种生活。在他眼里，似乎那些未被人们认识的地方，正是值得自己去冒险、去大干一番事业的战场。他做出一般人认为是发疯的抉择，踏上了被西方人描绘成地狱似的苏联。当时，苏联被内战、外国军事干涉和封锁弄得经济崩溃，人民生活十分困难，霍乱、斑疹、伤寒等传染病和饥饿严重地威胁着人们的生命。列宁领导的苏维埃政权采取了新经济政策，鼓励吸引外资，重建苏联经济。但很多西方人对苏联充满偏见和仇视，把苏维埃政权看作是可怕的怪

物。到苏联经商、投资办企业，被称作是“到月球去探险”。

哈默成了第一个在苏联经营租让企业的美国人。此后，列宁给予他更大的特权，让他负责苏联对美贸易的代理商。他因此成为美国福特汽车公司、美国橡胶公司、艾利斯—查尔斯机械设备公司等三十几家公司在苏联的总代表。生意越做越大，他的收益也越来越多，他存在莫斯科银行里的卢布数额惊人。

经常有人向哈默请教致富的“魔法”。他们坚持认为，哈默发大财靠的不仅是勤奋、精明、机智、谨慎之类经商应有的素质，一定还有“秘密武器”。

在一次晚会上，有个人凑到哈默跟前请教“发家的秘诀”。哈默皱皱眉说：“实际上，这没什么。你只要等待俄国爆发革命就行了。到时候打点好你的行李尽管去，到了那儿，你就到政府各贸易部门转一圈，又买又卖，这些部门大概有二三百呢……”

听到这里，请教者气愤地嘟哝了几句，转身走了。

第一次冒险使哈默尝到了巨大的甜头。于是，“只要值得，不惜血本也要冒险”成了哈默做生意的座右铭。

1956 年，哈默已经 58 岁了，他感到自己干实业已经干够了，便移居洛杉矶，准备用游泳、日光浴、捐赠珍藏等活动消磨自己的余生。

不料财神又一次把他拖回来，把他投入到他一生最赚钱的生涯——冒险性很大的石油行业中去。

石油钻探业毕竟是一项冒险性很大的行业。1961 年，西方石油公司几乎用完了 1000 万美元勘探基金，但仍无所建树。

哈默计划集中余力，攻克难点。这计划吸引了一个名叫鲍勃的青年地质学家。他向哈默建议，旧金山以东有一片被德士古石油公司放弃了的地区，这地区可能有天然气，西方石油公司应该把它租下来。几个月以后，果然在附近发现了一个蕴藏量丰富的天然气田。

利润像石油一样开始源源不断地流进西方石油公司的账户，冒险再次使财富垂青这位冒险家。

风险与利益成正比

“生下来的幼畜要马上分配出去”，这种做法就是规避养殖的风险。

古时候，未必每个牲畜都能顺利产下幼畜，每个幼畜也未必都能顺利地长成成畜。虽说成畜的价钱高，但是要想把它饲养大必须渡过盗贼偷窃、猛兽威胁、疾病侵袭等难关。要是没有熟练掌握饲养牛羊的技术，肯定养不活它们。所以，大多数情况都是家畜一产下来，马上就把幼畜或卖或送到外地。

但是，由于太小就离开母畜，幼畜的成活率不高。拉邦·戈玛利埃弥提出幼畜要与母畜一起成长就是由于这种原因。他告诫人们，不要因为避免饲养风险，就急于将幼畜卖掉。

与此同时，卖主应避免可能给买家造成损失的情况发生。若是以获利为目的的家畜投资，卖方就必须承担责任。

综上所述，家畜投资的企划人，必须承担对家畜、对投资人及买家三方面的责任。另一方面，投资人要尽到对家畜不能轻易放弃的义务，必须承担成本和风险。只有承担这种风险，才有获得最终利益的资格。

也就是说，伴随着风险进行的投资，并由此获得的利益才被视为是正当的。如果用一种极端的说法来论证的话，就是只有危险增加了，利益才能增加，历经险阻方能实现谋利。

犹太教的基本理念之一就是“产生、增值、富庶”，这不是只求自己利益增加的自我中心主义，而是富人与贫穷者共存，孕育互通财富使其增值的事业，这样做使共同获得利益成为可能。

第二十一辑　把握机遇，抢占市场

《塔木德》中说："任何东西到了商人手里，都会变成商品。"犹太人时刻准备着迎接机会的到来，在发现机会的同时还善于利用机会、把握机会，因此他们能够获得巨额财富。

察看风云，把握机遇

犹太人常说："幸运之神会光顾世界上每一个人，但如果她发现这个人并没有准备好迎接她时，她就会从大门里走出来，或者从窗户飞出去。"显然，时刻注意观察，我们的周围到处存在机会；只要我们事先做好准备，就可能把机会变成机遇；只要我们勇敢地伸出手，永远都会有伟大的事业等待我们去开创。犹太人时刻准备迎接机会的到来，在发现机会的同时还善于利用机会、把握机会，因此他们能够获得巨额财富。

犹太人常说，商场就是看不见硝烟的战场，商战就是不动刀枪的战争。在现代商业活动中，商机的获得的确与战机的获得同理，同样需要主动掌握，获得主动权就有胜算的把握，失去主动权就意味着市场被竞争对手占有。同时，商机的获得还包含着这样一种意义，无论是在商品上还是在地域上，要有别

人之所未有，到别人之所未到。商场上的先机往往意味着，你要尽最大可能地做独家生意，你的商品无论品质还是价格都应该是独此一份，舍此无他。你要到别人未至的生意场上去，在别人未至之前实实在在地赚一笔丰厚的利润。

有个犹太商人曾说："过去有100个商机，由你选择；现在出现一个商机，便有100人去竞争，甚至是1000人。没有先人一步的意识，是很难抓住商机的。"这的确是经验之谈。那么就产生了一个问题，在这种情况下，如何确保自己先人一步，抓住隐藏于商海中的商机呢？让我们看一看犹太人的办法。无论在资金还是经验上，犹太人无不是经过充分准备后才动手做的，因为做好准备工作是抓住商机的第一保障。

捕捉有效信息

捕捉有效信息，抢占市场先机，对于一个长期缺乏安全保障的民族来说，有时一个信息就可能决定生死存亡。

罗斯柴尔德家族的生意遍布西欧各国，这种分布促使这个家族人容易获得信息，也使各种信息具有特别重大的价值，在一个地方已经过时的信息，在另一个地方可能仍具有巨大的价值。为此，罗斯柴尔德家族特地组织了一个专为其家族服务的信息快速传递网，在交通和通信尚未发达的时代，这个传递网发挥的作用绝对不容忽视。

19世纪初，拿破仑和欧洲联军正在艰苦作战，战局变化不定、扑朔迷离，谁胜谁负，一时很难判断。后来，联军统帅英国惠灵顿将军在比利时发起了新攻势，一开始却打得十分糟糕。为此，欧洲证券市场上的英国股票疲软得很。

伦敦的纳坦·罗斯柴尔德为了了解战局的走势，专程渡过英吉利海峡，来到法国打探战况。当战事终于发生逆转，法军已成败势之时，纳坦·罗斯柴尔德就在滑铁卢战地上。他获得确切消息后，立即动身，赶在政府急件传递员之前几个小时回到伦敦。罗斯柴尔德家族人靠信息之便占了先手，动用大笔资金，乘英国股票尚未上涨之际，大笔吃进。短短几小时后，随着政府信息的公布，股价直线上涨，转眼之间，罗斯柴尔德家族发了一笔大财。

这则轶事属于金融界的传说，但包括犹太人在内，也把这种捕捉信息提前决策的金融技巧归于罗斯柴尔德家族，显然是人们对犹太人在信息方面“精明之处”的认可。

马克思炒股的启示

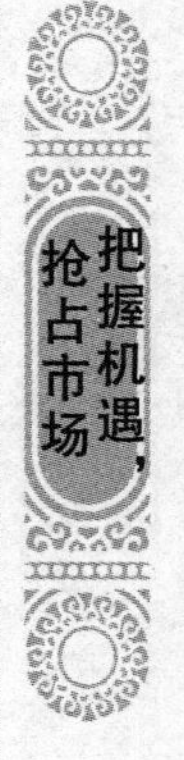

把握时机，大赚特赚，是商场致富的一大秘诀。

马克思为办《新莱茵报》付出了他的全部资金700塔勒（德国货币单位），把妻子最后几件陪嫁银器也送进当铺。当时，恩格斯在曼彻斯特经营欧门—恩格斯纺织公司，经常接济马克思。因为入不敷出，马克思的生活仍然十分拮据。

1860年5月9日，马克思的老朋友威廉·沃尔弗去世，留下遗嘱，将他一生辛勤积攒下的钱的大部分（约1000英镑）送给马克思。马克思对朋友的无私奉献十分感激，他的《资本论》第一卷就是献给威廉·沃尔弗的。

1860年，正是英国股票投资的高潮时期，凭丰富的经济学知识，马克思敏锐地意识到这是一个赚钱的机会。于是，马克思立即给恩格斯写信，催他快些办妥沃尔弗的遗产移交手续。他说：“假如我在最近10天内有钱的话，就可以在这里交易所赚很多钱，现在伦敦又到了可以凭机智和少量资金赚钱的

时候。”恩格斯十分理解马克思，以最快速度办好遗产移交手续，并把钱汇给马克思。

商场如战场，机不可失，失不再来。看准了机会，就请下“赌注”。这就是马克思炒股票给我们的启示。

时刻注意观察，我们的周围到处存在机会。只要我们事先做好准备，就可能把机会变成我们的财富。

最高明的理财是适时投资

《塔木德》中说：“我见日光之下，快跑的未必能赢，力战的未必得胜，智慧的未必得粮食，明哲的未必得资历财，灵巧的未必喜悦，所临到众人的，是在乎当时的机会。”

合理的投资也要选择恰当的时间。

将钱存入银行难以致富

一个大地主，有一天将他的财产托付给三位仆人保管与运用。他给第一位仆人 5 份金钱，第二位仆人 2 份金钱，第三个仆人 1 份金钱。地主告诉他们，要好好珍惜并善加管理自己的财富，等到一年后再看他们是如何处理钱财的。第一位仆人拿到这笔钱后做了各种投资；第二位仆人则买下原料，制造商品出售；第三位仆人为了安全起见，将他的钱埋在树下。一年后，地主召回三位仆人检视成果。第一位及第二位仆人所管理的财富皆增加了一倍，地主甚感欣慰。只有第三位仆人的金钱丝毫未增加，他向主人解释说：“我怕运用失当而遭到损失，所以将钱存在安全的地方，今天将它原封不动奉还。”

地主大怒，骂道：“你这愚蠢的仆人，竟不好好利用你的财富。”

第三位仆人受到责备，不是由于他乱用金钱，也不是因为投资失败遭受损失，而是因为他把钱存在安全的地方，根本没有好好利用。

多数人认为，钱存在银行能赚取利息，能享受到复利，这样就算是对金钱有了妥善的安排，已经尽到理财的责任。事实上，利息在通货膨胀的侵蚀下，实际回报率接近于零，等于没有理财。

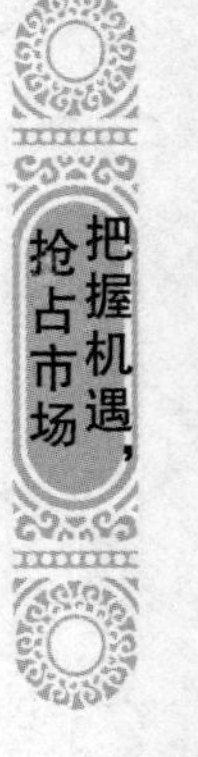

第二十二辑　犹太人的生意经

《塔木德》中说："人最大的痛苦不是被人欺骗，而是不被人相信。"在犹太人看来，取信于人是一生当中最重要的。

诚信是经商立足之本

金钱是山上的树木，诚信是山中的泉水。这句话的意思是说，诚信是经商之本，经商之术要靠诚信之水浇灌。在犹太人看来，被人信任的第一要素是诚实。诚实是树木的根，没有根，树木也就没有生命。

美国华尔街金融巨头摩根的祖父老摩根，是一位犹太人，也是一位诚实守信的榜样。最初他经营很多行业，后来，他投资一家叫"伊特那火灾"的小型保险公司。当时，保险业刚刚起步，不需要投资一分钱，只要在股东名册上签上姓名即可。投资者在期票上署名后，就能收到投保者交纳的保险费。

然而，在一次续约后，发生了一场特大火灾，投资者个个傻了眼，老摩根不仅处理了赔偿，而且取得了很多投保者的信任，带回来大笔的现款。于是信用可靠的"伊特那火灾"保险公司在纽约声名大噪，新的投保金额提高了一倍以上。

老摩根从这次火灾中净赚 15 万美元。在那个时代，15 万美元可是巨款，而这笔巨款的取得应归结于老摩根取得了投保者的信任。

后来，当人们问老摩根用人方面最看重什么时，他明确回答道："我们很注重应征者的信义程度。一旦你在金钱的使用上有了不良的记录，我们公司就不会雇用你。很多公司也跟我们一样，很注重一个人的品行，并且以此作为晋升任用的标准。即使那个人工作经验丰富，条件又好，我们也不任用。我们这样做的理由有四：第一，我们认为一个人除了对家庭要有责任感外，对债权人守信用是最重要的。你在金钱上毁约背信，就表示你在人格上有缺陷。但是，今天很多美国的年轻人却对此不以为然。他们认为'银行的钱那么多，即使我不偿还债务也无所谓'，或'每家商店都有上百万资金，我不付款它也倒不了'。但是买东西必须付钱、欠债必须还钱这是天经地义的事。在金钱上不守信用，简直与偷窃无异；第二，如果一个人在金钱上不守信用，他对任何事都不会守信用；第三，一个无法信守诺言的人，他在工作岗位上必定也会玩忽职守；第四，一个连个人财务问题都无法解决的人，我们是不会任用的。因为多次的财务困难很容易导致一个人去偷窃和挪用公款。在金钱方面有不良记录的人，犯罪率是一般人的十倍。当我们支出金钱时，要诚实守信，这一点也同样适用于我们做人处事。"

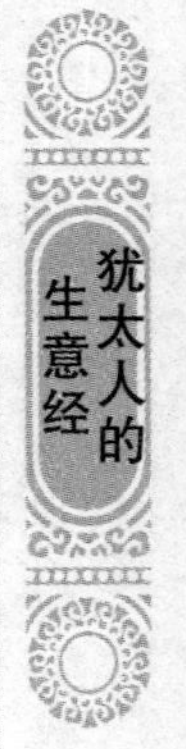

老摩根的用人标准说明了这样一个问题：诚实守信不仅是一个人品行的证明，同时，它还使人对家庭、对社会具有强烈责任感。

“盲人点灯”的商业哲学

在犹太商业文化中，“盲人点灯”是那种主动使对方了解自己的商业逻辑，是使彼此成为知己的哲学，其精彩之处在于让对方为自己的利益着想，从而有力地调动对方。

在漆黑的道路上，有个盲人提着灯笼缓缓前行。对面来人见他是盲人，不解地问他：“你是盲人，提个灯笼又起什么作用呢？”

盲人不慌不忙地回答：“因为我提着灯笼，别人才能看到我。”

对盲人来说，在漆黑的道路上行走，自己跌倒的可能性远小于被行人撞倒。那些视力正常的人，对黑暗的熟悉程度远不及盲人。于是，盲人提着灯笼，不是照向路面，而是照向自己，以便让每个相遇者都可以看清盲人，及早避让，从而使盲人顺利地行走。

“盲人点灯”的逻辑，旨在人们彼此相互了解，从而双方共荣共生。这也是犹太人的高明之处。

奇货可居

犹太商人认为，“奇货可居”是公司获得高额售价的一个基本原则。所谓奇货，不仅包括新产品、稀有产品，也包括名牌产品。对于名牌产品，人们看重的是它的名气。换句话说，名气也是它们的价值。这些名气是靠品质培养的。名牌产品在营销中采用高额定价法，能够巩固名牌的稀有地位，保持特殊的身价，维护其至高无上的优势，当然也赚取超额利润。

美国纽约的第42大街上，有个犹太商人鲁尔开设的服装经销店，门面不大，生意也不怎么兴隆。鲁尔专门聘请的高级设计师精心设计的世界最新流行款式的牛仔服首次上市销售。他对这一产品寄托了很大的希望，企盼一举改变自己经营不景气的状况。为此，他投入了6万美元，首批生产了1000件，每件成本为56美元。基于打开市场的需要，他采取低额定价策略，把每件售价定为80美元，这在服装产品定价中算是比较低的。鲁尔心想，凭着新颖的款式和低廉的价格，一定会开门大吉，发个利市。

可是，鲁尔大张旗鼓地叫卖了半个月，购买者却寥寥无几。急昏了头的鲁尔铁下一条心来，每件下降10元销售，又呼天喊地地叫卖了半个月，购买者却仍不见多。低价之下，必有勇夫，鲁尔又降低10元钱，接近于跳楼价，但销售状况仍然不好。干脆大甩卖，每件50美元，工本费都不要了，实行赔本清仓，结果除了吸引不少看客外，依旧无人问津。

彻底绝望的鲁尔自认倒霉，索性不再降价和叫卖。他让人在店前挂出“本店销售世界最新款式牛仔服，每件40元”的广告牌，至于能否销售出去，只好听天由命了。谁知广告牌挂出，陆陆续续来了不少购买者，兴致盎然地挑选起来。鲁尔这回可傻了，立在一旁呆若木鸡。原来，他的店员一时粗心大意，在40后多加了个0，这样每件40美元就变成了400美元了，价格一下子高出10倍，购买者反倒蜂拥而至，不一会儿就卖出了七八件，随后销售状况越来越好，生意空前兴隆。一个月过去了，虽然鲁尔仍然糊里糊涂，可他的1000件牛仔服已经销售一空。差点血本无归的鲁尔，转瞬间发了横财，高兴得不亦乐乎。

刚开始虽然鲁尔的牛仔服装款式新颖，但因为定价太低，

消费者便误以为价低则质次，穿到身上有失体面；后来价格抬高10倍时，他们便以为价高而货优，因而踊跃购买。这是消费者的购买心理在起作用。当然鲁尔的牛仔服是“奇货”，地道的时新产品，因此才能满足这部分消费者的需求。假如鲁尔的牛仔服是司空见惯的大路货，毫无特色可言，他标价再高也销不掉。

以善为本的经营策略

众多犹太巨商发财致富后，都有一个共同举措——注重慈善事业和公益事业。19世纪中期至20世纪初，俄国银行家金兹堡家族，从1840年创立第一家银行起，经过几十年经营，在俄国开设了多家分行，并与西欧金融界建立了广泛的业务关系，发展成为俄国最大的金融集团，其家族成为世界知名的大财团。金兹堡家族像其他犹太富豪一样，在其发迹后做了大量的慈善工作。他在获得俄国沙皇的同意下，在彼得堡建立了第二家犹太会堂；1863年，他又出资建立俄国犹太人教育普及协会；用他在俄国南部的庄园收入建立犹太农村定居点。金兹堡家族第二代继续把慈善工作做下去，曾把其拥有的欧洲最大图书馆捐赠给耶路撒冷犹太公共图书馆。

美国犹太商人施特劳斯，他从商店记账员开始，步步升迁，最后成为美国最大的百货公司总经理，在20世纪30年代成为世界上首屈一指的巨富。他在事业成功过程中，也做了大量的慈善活动。除了关心公司职工的福利外，他曾多次到纽约贫民窟察访，捐资兴建牛奶消毒站，并先后在美国36个城市给婴幼儿分发消毒牛奶。到1920年止，他捐资在美国和国外设立了297个施奶站；他还资助建设公共卫生事业，1909年在美国新泽西州建立了第一个儿童结核病防治所；1911 年，他到巴勒斯坦访问，决定将他 1/3 的资产用于该地兴建牛奶站、医院、学校和工厂，为犹太移民提供各项服务。

事实上，犹太商人做善事的同时，也确定了“以善为本”的生意经。他们大量捐资为所在地兴办公益事业，以赢得当地政府的好感，对他们开展各种经营十分有利。有些犹太富商由于对所在国的公益事业有重大义举，获得了国王的封爵，如罗思柴尔德家族有人被英王授予勋爵爵位；有些犹太人还获得当地政府给予开发房地产、矿山、修建铁路等优惠条件，从而拓宽了赚钱的路子。

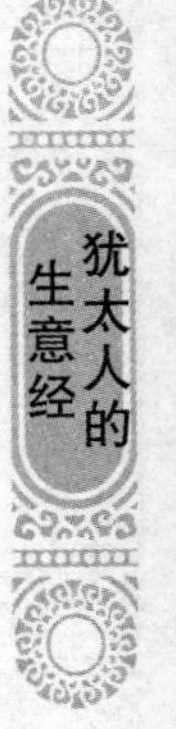

犹太人热衷捐钱办公益事业是一种营销策略，这种营销策略为企业提高知名度、扩大影响、博取消费者的好感起到重大作用，对企业巩固已占有市场及今后扩大市场占有率会产生作用。

显而易见，与人为善，处理好人与人的关系是经商智慧中不可或缺的一环。一个成功的商人必须与社会和谐相处，有扶危救困的雅量。

第二十三辑　商场上的规则

《塔木德》中说："律法是相对的，政治是相对的，国界是相对的，甚至道德也是相对的，只有你签署的合同是永恒的。"犹太人认为，在生意场上商品只有一个属性，那就是增值、生钱，一切都应该服从这个最高目的。

不吃作种子的小麦

《塔木德》中说："可以将小麦借给佃户作种子，但作种子的小麦不可食用。"

种子是用来播种的，因此，种子是不可食用的。

这一箴言在犹太人中间已经盛传了几千年。对它的商业解读应是：本钱是用来赚更多钱的，它的所有者必须小心经营，不可把它挥霍掉。

对这句箴言还应有如下的诠释：

消费借贷、生产借贷都可能因资本的流通不畅而出现无法回收贷款的情况。正因为这样，商人（包括对国家经济秩序负有管理责任的领导者）就有必要考虑好资本的运作，使从商者和消费者都拥有可供顺利运作的资本。

犹太人认为，从商者充分考虑好顺利回收资本（贷款或货款）的环境和条件，考虑好如何制定合理的价格，考虑好如何提供符合消费者要求的商品和令消费者满意的服务，这是使经济活动中贷款或货款顺利支付的基础。

不满意就退款

罗森沃尔德出生在德国的一个犹太家庭，少年时代他随家人移居美国，定居在伊利诺伊州斯普林菲尔德市。1925 年，他成为美国西尔斯—娄巴克公司的董事长。在他的领导下，推出了新的经营管理法宝——顾客不满意就退款。这一方式出台时，公司内部有很多人极力反对。他们认为这种经营方式简直是自找麻烦，那些心存不良的顾客会千方百计找借口要求退款的，这样必然导致公司经营亏损。商界同行也讽刺他发疯或欺骗顾客，绝不可能兑现其所谓的“不满意就退款”承诺。

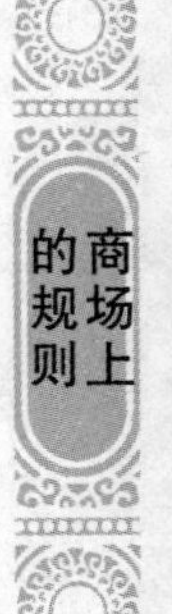

罗森沃尔德却力排众议，给公司的中上层管理人员反复解释和分析自己的想法，并大张旗鼓地开展广告宣传。结果，这一经营方式比预料的还要成功，公司的营业额成倍增长，退款的现象却比以前还少。

为什么会有这种结果呢？正如罗森沃尔德预料，公司率先推出“不满意就退款”承诺，必然引起广大顾客关注和各界评论，这样，公司的知名度就会迅速提高。同时，老客户会更忠于公司，新客户定会跃跃欲试，探测一下公司是否守信用。那么，公司的交易量肯定会增加。

另外，公司既然讲出了保证“不满意就退款”的话，就迫使公司破釜沉舟，保证产品质量，以免造成顾客不满。正因如此，这一经营方式反而使公司退款比以前更少了。

罗森沃尔德推出的“顾客不满意就退款”的经营措施，后来被美国众多公司广泛采用。

机智是绝处逢生的利器

在犹太商人看来，只有机智才能赢得胜利。有一则讲犹太人机智的故事非常有趣。

有个犹太富翁病入膏肓，死期将至，便口述遗书，让人执笔代录：“我将全部财产留给忠实的奴仆；我儿尤第雅，你可以从我之所有遗物中选择一项。”

富翁不久与世长辞，奴隶获得了财产继承权，兴冲冲地将遗书送至拉比手里，然后同拉比一起去找尤第雅。拉比对尤第雅说：“你父亲已将财产移交奴隶，你只能从他的遗物中选其中一件东西，你自己随便选吧。”

尤第雅不假思索地说：“我选择这个奴隶。”

尤第雅就这样既拥有了奴隶，又拥有了富翁全部财产的继承权。

这个富翁聪明过人，他临死时儿子不在身边，便出此妙计，否则奴隶会非法占有财产而不通知他的儿子。

机智更是渡过难关、反败为胜、绝处逢生的利器。

迎合他人的心理

售货员费尔南多是一个犹太人，礼拜五他去了一个小镇，由于身无分文而无法食宿，便找到犹太教堂的执事。执事对他说：“礼拜五到这里的穷人特别多，每家都住满了，只有金银店老板西梅尔家例外，可是他从不接纳客人。”

费尔南多肯定地说：“他肯定会接纳我的。”

之后，他就去了西梅尔家。敲开门后，他神秘兮兮地把西梅尔拉到一旁，从大衣兜里取了一个砖头大小的沉甸甸的小包，小声问：“请问，砖头大小的黄金值多少钱？”

西梅尔眼睛一亮，可是这时已到安息日，不能继续谈生意了。为了能做成这笔生意，他便连忙挽留费尔南多在自家住宿，到明天日落后再谈。

于是，在整个安息日，费尔南多都受到热情款待。当安息日晚上可以做生意时，西梅尔满面笑容地催促费尔南多把“货”拿出来看看。

费尔南多故作惊讶地说：“我哪有什么金子，只不过是想问一下砖头大小的黄金值多少钱而已。”

费尔南多的机智在于巧妙地利用了西梅尔求财心切的心理，而且以错误的暗示让他上当。

机智的犹太人

在商业活动中，总有人被偷或被骗。别人赖账的时候，犹太人是如何应对呢？

有个犹太商人来到一个市场里做生意。当他得知几天后这里所有商品大甩卖时，就决定留下来等待。可是，他身上带了不少金币，当时又没有银行，放在旅店也不安全。

经过反复思忖，他独自来到一个无人的地方，在地上挖了一个洞，把钱藏起来。次日回到藏钱的地方时，他发现钱已经丢了。他呆呆地愣在那里，反复回想藏钱的经过，当时附近没有一个人，怎么也想不出钱是怎样丢的。正当他纳闷之际，无意中一抬头，发现远处有间屋子，可能是那家屋子的主人正好

看到他埋钱，然后将钱挖走。怎样才能把钱要回来呢？经过认真考虑，他去找那屋子的主人，客气地说道："您住在城市，一定很聪明，现在我有一件事想请教您，不知是否可以？"那人热情地回答说："当然可以。"

犹太商人接着说道："我是来这里做生意的外地人，身上带了两个钱袋，一个装了800金币，一个装了500金币，我已把小钱袋悄悄埋在没人的地方，但不知道这个大钱袋是交给能够信任的人保管呢，还是继续埋起来比较安全呢？"

那人答道："因为你初来乍到，什么人都不该相信，还是将大钱袋埋在藏小钱袋的地方吧。"

等犹太商人一走，这个贪心不足的人马上取出偷来的钱袋，放在原来的地方。躲在附近的犹太商人等那人一走，马上将钱袋挖出来，一溜烟跑了。

这个犹太商人能够将落入别人口袋的金币又拿回来，手段确实高明。因为他知道，每个人都有贪心，且贪欲无限膨胀，要让小偷把钱交出来，只能激起其更大的贪欲。这个犹太人就是巧妙地利用了人的这种心理。

拥有独具匠心的经商意识

在犹太商人看来，商战的手段千千万万，但所有的成功都是靠过人的胆识取得的。世界闻名的飞机大王休斯，就是以他独具匠心的思维，使自己的梦想得以实现的。

1966年6月，美国的无人太空船首次登月，世人为之哗然。登月是人类从古至今的神话，如今得以实现。这艘太空船的制造者，就是休斯飞机制造公司。

休斯的名字就像华盛顿、林肯一样在美国家喻户晓。因为他是美国少有的享有世界声望的富豪，在美国人心目中他是英雄。他的一生可谓轰轰烈烈，充满了冒险和刺激。他的资产达25亿美元，到了晚年，却隐居世外，行踪莫测，不再公开露面。

1905年12月24日，休斯出生于美国休斯敦，他的父亲是个石油投资商。

休斯16岁时，他的母亲因一次医疗事故不幸去世。两年后，老休斯也去世了，留下的资产约合75万美元。

16岁的休斯，在他父亲去世4个月后获得了银行的贷款，用现金买下了亲友们应继承的那部分遗产，成为休斯公司唯一的主人，并继任公司董事长。

年轻的休斯对电影很有兴趣，可他最初踏入电影界就出师不利，而这却使他更加坚定。

休斯酷爱驾驶飞机。有一次，当他驾驶单人操纵的私人飞机在空中翱翔时突发奇想，拍一部表现空战的片子不是很受欢迎吗？他想到1918年第一次世界大战中，英国空军中校达宁率领数架索匹兹骆驼号战斗机，从战舰上起飞，轰炸德军东得伦空军基地。那是一次极为成功的越洋轰炸，英军只损失一架飞机，炸沉了两艘敌舰和两艘飞艇。休斯决定将这次空战搬上银幕。当时表现空战的电影特技技术还未出现，他准备用真正的飞机，拍一部比实战还要刺激还要壮观的空中大战片，片名为《地狱天使》。

为了拍这部电影，仅飞机使用费他就花了210万美元，租用数十架飞机，其中有法国的斯巴达战斗机、英国的SE5战斗机、骆驼号轰炸机、德国的佛克战斗机，还有飞行员100多名，临时演员2000名；摄影师人数几乎占好莱坞摄影师总数的一半。美国电影界都为之惊讶不已。

对飞机非常着迷的休斯，拍完《地狱天使》之后，他曾参加了一次全美短程飞行比赛，以 302 公里的时速一举夺冠。可他并不满足这样的成绩，决心要打破世界纪录。

1927 年，美国飞行员林白驾机用 33 小时 30 分飞越大西洋，整个世界为之轰动，被美国人称为“世纪英雄”。休斯为了打破林白创下的纪录，开始致力于新型飞机的研制。他有两位优秀的飞机设计师——欧提卡克和帕玛，他们将未来的飞机命名为 Hi。

欧提卡克是一位机械工程师，也热衷于飞行。他对制造新型飞机有许多大胆的构想。对疯狂追求速度的休斯来说，他是个不可多得的人才。在那个秘密的飞机制造厂里，他们不断改进飞机的外形，选用性能最好的 1000 匹马力的普拉特·惠特尼引擎，用了 15 个月的时间，终于制造出机身长度为8.2米，机翼长7.6米的 Hi 型飞机。由于机身特别短，谁也不知道它能在空中飞多久。试飞员不敢驾机试飞，休斯决定亲自试飞。

1935 年 9 月 12 日，一切工作准备停当时，日已西斜，负责速度测试的裁判技师建议明天再飞。因为接近黄昏，飞行逆光刺眼，怕出问题。休斯却等不及了，他早已穿上飞行服，跳进机舱，启动飞机引擎，缓缓飞上蓝天。

第一次测试时速达到 556 公里。裁判技师通过无线电告诉休斯，这次成绩不算，因为违反航空协会的规则，没有做水平飞行。于是，休斯在空中绕了个圈，开始第二次水平飞行。

“世界纪录，时速已达 566 公里!”裁判技师的声音从耳机传出。

兴奋不已的休斯，没有立刻降落，继续飞，还想创造新的世界纪录。

第三次时速却只有 542 公里。他不甘心，再飞一次。

“时速 567 公里。”又是一个新的世界纪录。

休斯仍不愿停下，继续一次次地飞行。突然间，引擎停止了工作。

他这时才发现主油箱的油已经用完，连忙去按瞬间补油的按钮，可是无济于事。发动机已经完全停下来。

休斯无法控制飞机，只好以垂直下落的方式向地面冲去。还算幸运的他，终于在一片甜菜地里平安迫降。

就在休斯一次又一次进行冒险飞行的同时，他父亲留下的石油钻井机专利和电影事业仍在源源不断地为他创造财富。没有人知道他什么时候对美国环球航空公司的股份产生兴趣的，到 1937 年前后，他已经拥有这家公司 87%的股份。

休斯并没停止他的冒险飞行，为了向环球一周飞行纪录挑战，他选用并改进了洛克希德公司开发的一种可以乘坐 12 个人的伊列克特拉 14 型飞机。

1938 年 7 月 10 日，休斯与 4 名机组人员，驾驶改装后的伊列克特拉 14 型机从布鲁克林的贝内特机场起飞。经过 3 天零 19 小时 17 分的长途飞行，最后飞回美国，回到出发地。布鲁克林的贝内特机场早已聚集了 2.5 万名群众，欢迎胜利归来的世纪英雄休斯。

二战期间，美军在太平洋战区收复瓜达康纳尔岛之后，水上飞机开始大显身手。

休斯设计的这种型号为 KH1 的巨型水上飞机全长 97.5 米，高 15.2 米，自重 300 多吨，两翼安装 8 个带有螺旋桨的普拉特·惠特尼 2800 型引擎，是有史以来世界上最大的巨无霸飞机。

当时，人们对这架巨大的飞机能否飞上天空持怀疑态度。1948 年 4 月，休斯亲自驾驶这架巨无霸风驰电掣般地在海面上冲刺了一段后，稳稳起飞。照相机拍下这个历史性照片。美国再次引起轰动，继环球飞行之后，休斯又一次在美国人心目中树立了英雄形象。

1965 年，休斯飞机公司推出 85 磅重的商业通信卫星，该卫星具有 6000 条线路的往返电话功能，以及 12 种彩色电视的机能，从而在欧美大陆之间建立了电视电话网络。休斯结婚两次，却没有后代。他去世后，休斯飞机公司价值 52 亿美元的股权，全部被通用汽车公司收购。这笔巨款归于休斯飞机公司休斯医学研究财团，该财团因此成为世界最大的基金财团。

休斯之所以能翱翔天空，成就自己的一番事业，就在于他的突发奇想和他的独具匠心的思维。的确，犹太商人那股独具匠心的经商意识，在休斯身上体现得更彻底。

第二十四辑　在博弈中赚钱

《塔木德》中说："要想变得富有，你就必须向富人学习。即使在富人堆里站上一会儿，也会闻到富人的气息。"

只要付出就会有收获

犹太人在追求个人的事业时，同样积极进取。他们具有直面困难的勇气，敢于挑战厄运。正因为这种精神，使许多犹太人在各个领域中成为凤毛麟角的精英。

牛仔裤创始人李威·施特劳斯，是个犹太人。他因家境不佳，1870 年从德国到美国西部，卷入淘金热潮，希望能淘金发财。到了旧金山后，经过几星期的淘金生活，他发现那里人山人海，淘金者中确实有人因此赚到了钱。周围的每个淘金者都在为金子做同一件事，但他想，每日从早到晚，一个月辛苦换来的不过几十美元。如果在矿场经营生意，给提供矿工需要的生活必需品，每 100 美元营业额就可获取 20 美元的利润。每天做 100 美元的生意，一个月就可获取 600 美元的利润。何况那么多的矿工在这里生活，每天要做的生意何止 100 美元。同样是辛苦付出，自己为什么不换种方式呢？

如此谋算后，李威决定不再淘金，开始贩卖凉水及一些小

百货。果然不出所料，第一个月的营业额就达 5000 美元，他赚到超过 1000 元的利润，比淘金收入高出了几十倍。以后，随着他扩大经营范围，赚钱更多了。在此基础上，他设计了适合矿工需求的牛仔裤，开拓了发财致富之路。可见，精于谋算是犹太商人成功法宝。

确定明确的赚钱目标

一家公司办公室的北面大墙上，写了一条标语："有信心不一定会赢，没有信心一定会输；行动并不意味着成功，没有行动一定会失败。"这条标语的意思是说，敢想才敢做，想赢就要拼，敢拼才会赢。

尤伯罗斯是一位杰出的犹太商人，他大学毕业后，到一家飞机场的航空公司工作。由于工作出色，在短短的一年时间内，他就被提升为副总经理。后来他在好莱坞开设了一家国际运输咨询公司，那时只有一间办公室。由于他讲究诚信，经商有方，到 1967 年，他已拥有 36 万美元的资产，并开始发售股票。1972 年，他转向经营旅游服务业，公司得到了迅猛发展，将在世界各地原有的 38 个办事处发展到 100 多个。一年后，他创立了 800 家旅游公司，不久发展到拥有 4000 多套房间的豪华游艺场。1974 年，他的旅游公司发展成为全世界拥有 200 个办事处、1500 名员工的北美第 7 大旅游公司，年总收入约 2 亿美元，纯利润达几百万美元。

这只是尤伯罗斯白手起家以来取得的成就，他计划以 1060 万美元的价格出售他的旅游公司，准备私人筹办奥运会，开始另一项具有风险的空白事业。作为犹太商人，他首先意识到举办奥运会会带来经济效益，而绝非只有体育或政治意义。

“任何东西到了商人手里，都会变成商品”，对于这一点，他感受最深。

杰出的企业家最关注的是企业的信誉，产品的品牌效应。尤伯罗斯决心利用举办奥运会的机会，提高赞助费用，并计划只接受30家赞助单位，从不同的行业中选出一家，赞助费用至少400万美元以上，获得赞助权的单位可获得奥运会某项产品的专卖权。规定一出台，各大公司为了获得赞助权，竞相抬高赞助费额度。

可口可乐和百事可乐两大公司长期处于激烈的竞争状态。这次他们也参加了本届奥运会赞助单位的角逐。尤伯罗斯向两大公司抛出了400万美元底价。百事可乐公司还处于犹豫状态时，可口可乐公司已把赞助费额度抬高到1300万美元，并一举夺得饮料行业独家赞助商的权利。

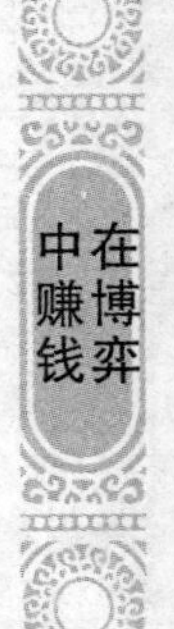

尤伯罗斯在获得1300万美元的赞助后，把下一个目标锁定在柯达公司和富士公司的竞争上。柯达公司提出赞助100万美元，被尤伯罗斯拒绝了。富士公司希望能将产品销往美国市场，经过讨价还价后，最终以700万美元获得在胶卷行业的独家赞助权。此外，还有美国的通用汽车公司和日本的丰田公司等也加入了这场激烈的竞争。

最后，尤伯罗斯举办的“私人”奥运会，获得了3.85亿美元的赞助。他还通过将运动会的电视实况转播权作为专利拍卖，从而以2.5亿美元的高价拍卖。在美国广播公司（ABC）和全国广播公司（NBC）的激烈竞争中，奥运会转播权终被美国广播公司赢得。后来，美国广播公司又以7000万美元的价格将奥运会的广播转播权分别卖给美国、澳大利亚等国家。尤伯罗斯在此项目上筹集到的赞助费达到2.8亿美元。不仅如此，对于参加美国境内奥运火炬接力跑的人每人也征收3000

美元，他因此获得了300万美元。据统计，通过此次私人举办奥运会，尤伯罗斯至少获得了2.5亿美元的净利润。

在犹太商人看来，树立目标总离不开三个步骤：第一，确立自己的目标；第二，制订实现目标的计划；第三，做出时间安排，确保计划的实现。

犹太商人认为，追求目标的大前提，是无论如何不能放弃。如果条件许可，也应具备适时扩大战果的行动力。要做到这一点，必须具备冷静判断状况的能力。

学会选择，懂得放弃

犹太人詹姆士原来沾染了恶习，像个花花公子，把父亲给他的一笔财产败光之后，生活难以维持时，才意识到自己要努力奋斗，决心从头做起。

他从哥哥那里借钱开办一间小药厂。他亲自在厂里组织生产和销售工作，从早到晚每天工作18个小时，然后把赚到的一点钱用于扩大再生产。几年后，他的药厂极具规模了，每年有几十万美元盈利。

经过市场调查和分析研究后，詹姆士觉得当时药物市场发展前景不大，又了解到食品市场前途光明。因为世界上有几十亿人口，每天要消耗大量的各式各样的食品。

经过深思熟虑后，他毅然出让自己的药厂，再向银行贷款，买下加云食品公司控股权。

这家公司是专门制造糖果、饼干及各种零食，同时经营烟草。它的规模不大，但经营品种丰富。

詹姆士掌控该公司后，在经营管理和营销策略上进行了一番改革。他首先将生产产品规格和式样进行扩展延伸，如把糖

果延伸到巧克力、香口胶等多品种；饼干除了增加品种，细分儿童、成人、老人饼干外，还向蛋糕、蛋卷等发展。接着，他在市场领域上大做文章，除了在法国巴黎经营外，还在其他城市设分店，后来还在欧洲众多国家开设分店，形成巨大的连锁销售网。随着业务增多，资金变得雄厚，他又相机应变，把英国、荷兰的一些食品公司收购，使其形成大集团。

詹姆士的成功，正是得益于他当初对小药厂经营前途不佳的理智判断，及时调整经营方向，转向食品行业。显而易见，在商业经营中，适时放弃也是一种经商智慧。

“使彼知己”的人际哲学

《塔木德》中说：“暂时地放弃一些利益，是为了得到更多的利益。”

犹太人尊奉一种“使彼知己”的人际哲学，其主要的目的，还在于让对方为自己的利益着想。这种精明的处世方式，能最大限度地调动对方。

古时候，耶路撒冷的一个犹太人外出旅行，途中病倒在旅馆里。当他知道自己的病已经没有治愈希望时，便将后事托给了旅馆主人，并请求他说：“我快要死了，如果有知道我死且从耶路撒冷赶来的人，就请你把我的这些东西转交给他。但是，你不要告诉他我在哪家旅馆。”

说完，这个人就死了。旅馆主人按照犹太人的礼仪埋葬了他，同时向镇上的人公布这个犹太人的死讯和遗言，让他们遵守他的遗言，不要将他住的旅馆告诉来找他的人。

他的儿子在耶路撒冷听到父亲的死讯后，立刻赶到父亲死亡的那个城镇。他不知道父亲死在哪家旅馆里，也没有人愿意

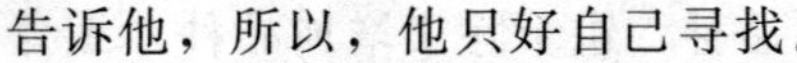
告诉他，所以，他只好自己寻找。

这时，有个卖柴人挑着一担木柴经过，儿子便叫住卖柴人，买下木柴后，吩咐卖柴人把柴直接送到耶路撒冷来的犹太人死亡的旅馆去。

然后，他便尾随卖柴人，来到那家旅馆。

旅馆主人对卖柴人说："我没有买你的木柴啊。"

卖柴人回答说："不，我身后那个人买下木柴，要我送到这里来。"

通过一笔木柴交易，儿子让卖柴人为了自己的利益，帮助他解决了难题。

作为商人，他的任务就是想办法制订一套完整合理的商业计划，剩下的事情让别人为了自己的利益去做，自己等着赚钱就可以了。

第二十五辑　规则的无穷魅力

《塔木德》中说："哪怕是再坚固的城堡，也一定有它薄弱的部位。人无完人，所以人制定的法律和契约也不会是完美的。"犹太人就是这样在遵守法规的同时，能够更好地善用法律，并让法律规定之外的地方流出黄金来。

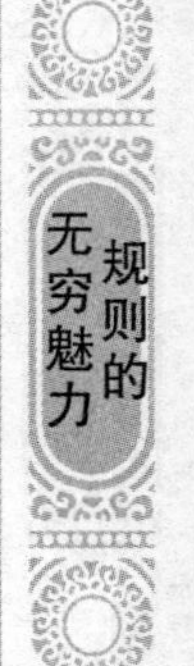

构筑人际网

犹太人获得成功的另一个重要法则就是人际网。散居在全世界的同胞之间的交流，就是获得诸多成功的基础，建立人际网的媒介就是犹太教的教义。按照犹太教的规定，安息日是不能工作的，也不能谈论工作，必须中断旅行安静地休息。如果旅行中的犹太人到了一个安息日中的社区，那里的人就会留他住宿，并且准备丰盛的饭菜。通过这样的行动，自然就建立了人际网。经过长年累月的交往，就变得非常牢固了。

即使在现代，这种人际网对于商务活动照样发挥出巨大的作用。现在商务已经实现了全球化。

犹太人建立人际关系的方式也值得参考。"要以两倍于自

己说话的时间倾听对方的话。”这是因为，人只有一张嘴，却有两只耳朵。建立巨大金融王国的罗斯柴尔德家族的家训就是“少说”。首先应该倾听对方的话，建立信任关系，才能获得成功。

一个遵守法规的民族

犹太商人重视规则和法律，但又总是在规则和法律的边缘上活动。他们既遵守规则，又最大限度地利用这些规则。对于这一点的一个普遍说法，是犹太商人善于充分利用法律。

犹太人衡量事物的标准是 64 分就算及格，100 分为满分。实际上得满分的事物是不存在的，及格的事物倒是不少。对于法律，也是如此。全国各地的法规或世界各国的法律，几乎没有达到 100 分的水平。就连法律最健全的国家，法律漏洞也不少。想经商赚钱的人，不能不去熟读有关的法律。在本国经商的人，必须熟知自己国家的法律；在外国经商的人，必须熟读所在国的商业法规及有关法律，相信一定能在人为的法规中找出漏洞，找出赚钱的方便之门，或者找出对某项商业活动有利的规章。

犹太人认为，没有熟读法律的商人不是成功的商人。他赚不了大钱！

因为任何赚大钱者，他们太精明了。现有的法律无法束缚他们。老老实实地遵循法律条文，肯定是个头脑守旧、不懂变通的古板的人，这种人不可能成为出色的商人。不读法律，不懂法律的人根本不是成功商人，因为连法律都不懂，就不知道如何保护自己的利益不受侵犯。在商场上，利益侵犯是常事，所以这种人在初次交手中，就将被“吃”掉。商场如战场，这种人在战场上是必败无疑的，所以，不懂法律的人连自己都无法保护，更别提利用法律赚钱！

违反法规只能倒霉

早年，沃尔夫森借了一万美元，把一个废铁工厂办成了一个赢利很高的企业。28 岁时，沃尔夫森的财产突破了百万美元大关。1949 年，他以 210 万美元的价格买下了首都运输公司，随后他又决定收购一个真正的大公司——蒙哥马利·沃尔夫森公司。这个公司在休厄尔·埃弗里的领导下，守着 3 亿美元的闲置资产过日子。沃尔夫森的想法遭到埃弗里拒绝，沃尔夫森在这场代理人之战中败下阵来。

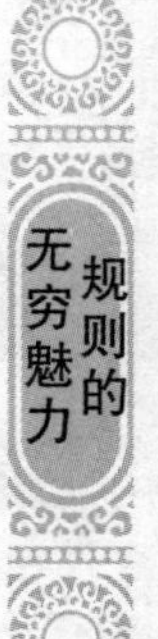

沃尔夫森买下其他公司的股份（他一度是美国汽车公司的最大股东）之后，把主要力量投入兴办梅里特－普曼和斯科特公司。这家公司被有些金融观察家认作是集团企业之父，包罗了造船、建筑、化工和发放贷款等方面的业务。公司的销售总额达到 5 亿美元左右，但这些性质各异的业务从来没有真正成为一个整体，公司留下的是一条飘忽不定的经营轨迹。

在所有的收购和交易活动中，沃尔夫森常常同证券交易委员会发生抵触。

该委员会诉诸法律，并获得了针对他在出售自己的美国汽车公司股票时所做的虚假声明的法院强制令，这个声明曾使人误解。证券交易委员会还以类似的理由，就他在梅里特－普曼公司股票上的交易诉诸法律。沃尔夫森被裁定犯有伪证罪和图谋妨碍司法罪。

沃尔夫森的交易始终处在这个或那个管理机构的监督之下。有一次他抱怨说，“像我这样受到这么多调查委员会调查

的企业家，在美国找不出第二个”。最后，在经营大陆实业公司——一家由他控制的公司的未记名股票交易时，言语不检点的他被推到同证券交易委员会严重对抗的位置。这个管理机构面对日益增多的白领金融犯罪活动，正想开创一个惩处搞歪门邪道的金融家的先例。沃尔夫森是一个适当的人选——知名度高，受人尊敬，具有尽人皆知的金融权力。

在一份非同寻常的起诉书（这样一种行为被归入违法范畴也许还是第一次）中，证券交易委员会指控说，正当沃尔夫森出售未记名股票的时候，大陆公司发布了有利于他的新闻稿，声称公司已批准生产一种烟雾阀。换言之，沃尔夫森在发布股票行情看涨的消息，同时从中渔利。沃尔夫森反驳说，政府在捕风捉影小题大做，他的这种做法只是一种技术犯规。他本人是无辜的，因为他只是按照他的班子成员和顾问的意见行动。这一诉讼由合众国代理人罗伯特·摩根索提出起诉。沃尔夫森所做的辩护，即：他是公开地和光明磊落地进行这次股票出售的，他是以自己的名义出售的，他甚至把这次出售向证券交易委员会报备过等，都被驳回。最后，定他有罪，判处监禁一年。

这时候，梅里特—普曼和斯科特公司已在清算之中，他的企业帝国的其他部分也土崩瓦解。10 年的股东诉讼和同政府打官司耗费了他几百万美元以及他的健康，最后还有他的自由。1969 年春的一天，沃尔夫森因为在金融方面干了像在人行道上吐痰之类的事情而锒铛入狱。

然而，这还不是故事的结局，因为沃尔夫森在倒下时还掀翻了美国最高法院中的一个“犹太人席位”。

沃尔夫森在其事业顺遂的年月里，自然结下许多有权势的朋友，其中包括林顿·约翰逊和阿巴·福塔斯。确实，在入狱

前不久沃尔夫森还吹嘘过，他本来可以获得总统特赦，这是“某个像任何人一样接近”约翰逊总统的人向他提出来的。

沃尔夫森认为自己是精明、机灵、有良好的关系和影响力的，他的同伴也同意这种看法。然而，他却越出了法律的界限，虽然只是那么一点点，逾越了被认可的行为准则，使他的经商生涯在最高点上终止了，最后锒铛入狱。当然，沃尔夫森只能代表他自己，在犹太商人中，大部分人一直在恪守着法律和规则，虽然他们中的很多人在法律的边缘冒险。

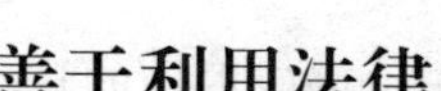

善于利用法律

利用法律赚钱，是犹太人的成功经验。

“局部守法”是巧妙地利用整套法律条文中对自己有利的部分。在没有根本触犯法律的情况下，顺利地避开法律条文中对自己不利的部分。对于法律或者其他任何约定，除了利用法律不规范的办法之外，还有一种守法技巧，也就是犹太人不迷信权威。

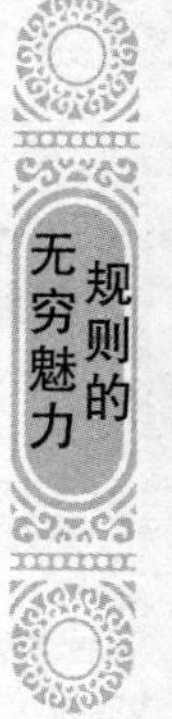

1968年前后，由于日本经济高速发展和国际贸易的顺差，日元在西方金融市场上日益坚挺而美元日显疲软。作为日美两国经济状况的指示器的美元与日元的比值，出现重大变化的时机越来越近了。

1970年8月，日本的外汇储备达到35亿美元。这是日本全体国民战后25年辛勤工作的积余。可是，从10月开始，外汇储备便疾速攀升。先是每月2亿，继之12月出现4亿美元的盈余，1971年3月出现6亿盈余，月结余12亿，8月甚至结余46亿。1个月积累的外汇，就超过了战后25年的积累。

就这样，在一年不到的时间里，日本的外汇储备由35亿

猛增到129亿，最高达到150亿美元。对此，日本政界、新闻界，还有商界中的大多数人，都陶醉于良好的自我感觉之中。“这是日本人勤劳的象征，因为日本人勤奋工作，才积攒下这么多的外汇”。

然而，犹太人却调集一切资金，向日本大量抛售美元。因为他们知道，日元升值是迟早的事情，只要日本的外汇储备超出100亿美元便会来临。美元和日元汇率的大幅度变化，也许是20世纪最后一个发大财的机会。所以，犹太人甚至向银行贷款向日本抛售美元。

对于犹太人的动作，反应迟钝的日本政府一直弄不明白是怎么回事，国会只知道辩论这些流入日本的外汇会不会对日本经济造成破坏。一些议员振振有词地说道：“外国人搞投资，绝对赚不了钱，即使赚了钱，也要纳税。”他们不知道，身在海外的犹太人虽然对交税挺认真，但根本没有办法向日本政府纳税。

不过，日本政治家的这个算盘也没有完全打错，因为日本有严格的外汇管理制度，靠在外汇市场上搞买空卖空式的投机，是不可能的。但他们没有想到，从他们眼里周详严密的外汇管理制度，在犹太人眼里，却有一个大漏洞，这就是当时的《外汇预付制度》。

《外汇预付制度》是日本政府在战后特别需要外汇时期颁布的。根据此项条例，对于已签订出口合同的厂商，政府提前付给外汇，以资鼓励。同时，该条例中还有一条规定，允许解除合同。

犹太人就是利用外汇预付和解除合同这种许可，堂而皇之地将美元卖到实行封锁的日本外汇市场。他们采用的办法是，先与日本出口商签订合同，充分利用外汇预付款的方式，将美元卖给日本。这时，犹太人还谈不上赚钱，然后耐心等待。等到日元升值后再以解除合同的方式，将美元买回来。一卖一买，利用日元升值造成的差价，便可以稳赚大钱。

果然，日本政府直到外汇储备达到 129 亿美元时，才如梦方醒，意识到有中了这种诡计的可能，到 8 月 31 日才停止"外汇预付"，不过，还留了一个尾巴，允许每天成交一万元。最后，到外汇储备达到 150 亿时，日本政府不得不宣布日元升值，由 360 日元兑换 1 美元，提高到 308 日元兑换 1 美元。

这意味着，犹太人向日本每卖出买进 1 美元，就可以白白赚取 52 日元。盈利率超过 10%。难怪事先就有犹太人声称，即使以 10%的利率向银行贷款也有利可图！事后据粗略统计，日本政府的损失高达 4500 亿日元，平均每个国民差不多要承担 5000 日元。其总值相当于日本烟草专卖公司一年的销售额。

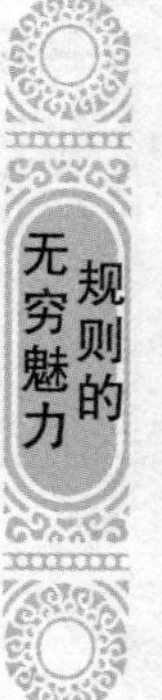

据日本商人滕田说，这笔钱被犹太人赚去了，因为自始至终犹太人都不停地向他打听日本外汇市场的变化。到底犹太人赚了多少，是很难统计的。但确如日本商人所说，只有犹太人才有能力调动如此规模的现金。没想到日本政府有这么愚蠢，愚蠢到不要说及早关闭外汇市场，就是连按原比值退还预付款的办法也不敢用了。

这种观点非常正确，只是再补充一点，就是如此善于利用法律的漏洞，也许只有犹太人了。正是他们这种不迷信法律权威的精神，才能钻法律的空子，让自己取得成功。按理说，《外汇预付制度》本来是为了促进日本商人开展外贸的。接了国外订单，尽早拿到外汇就可以及时进口所需的原料配件等，确保按期交货；企业拿到预付款还可以减少资金占用，何乐而不为？而且，允许解除合同，本是交易场上的常例，本身不是十分显眼的漏洞，除了在日元大幅度升值这种情况下。

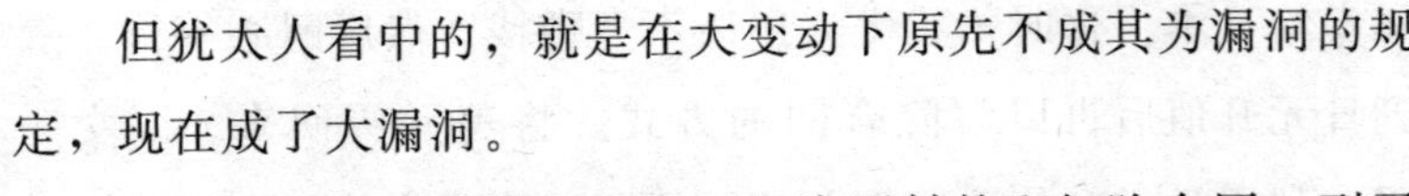

但犹太人看中的，就是在大变动下原先不成其为漏洞的规定，现在成了大漏洞。

日本政府是为了做成生意而允许预付款和解除合同，到了犹太人那里，则成了赚钱的生意。犹太人在签订合同和预付款时，已经打定主意不要货物要美元，只不过为了要回更多的美元，借做生意卖出买进。

寻求政府支持

20 世纪 80 年代中期，正当洛克菲勒的事业蒸蒸日上之际，碰到了最强的对手——荷兰的达提尔汀古。达提尔汀古胆大心细，36 岁便担任苏门答腊岛棉兰分公司的总经理。他踌躇满志，一心想把洛克菲勒的美孚石油赶出亚洲市场。他的油田在苏门答腊，然而命运给了他一个严峻的考验——洪水浸入了苏门答腊油田，他的轮船进港后运不了油，而无数亚洲订单还在等着他。几经周折，他以更低价格买到了巴库石油，于是他因祸得福，并且同时赢得了亚洲各地买主的信任。

洛克菲勒哪里还坐得住？

他发动力量，由财政界向英国政府和新闻界施压，并取得了良好的效果。与此同时，他向达提尔汀古发出警告：“满载石油的运油船，在通过苏伊士运河时随时都有发生失火、爆炸的危险！”

当达提尔汀古继续反击，与罗斯柴尔德财团结成欧洲石油联盟——西德银行财团之际，洛克菲勒又出绝招，他指示手下人采取战略大攻击，如洪水猛兽般无情地“用超低价销售将欧洲财团击溃！”

1910 年，来势汹汹的美孚石油果然摧毁了欧洲财团，石油的价格在欧洲市场陡然下跌。西德银行财团周旋其中，方才强制性达成协议，欧洲市场的销售量为：美孚石油占75%，欧洲石油联盟占20%，其他占5%。洛克菲勒在政府的支持下，依靠自己的雄厚财力，大获全胜。

一个出色的商人，必须重视关于处理企业同政府的关系，并取得政府的理解、信任与支持。一旦政府对企业有优惠性政策，就会产生神奇的力量。作为企业则应充分利用这种政策，为企业发展创造条件。一个有远见的企业家，总会牢牢地把握这种机会的。

无论在经商中，还是在生活中，我们都应该遵照法律办事，但若换一个思维方式，巧妙用“法”，也会有所收获。

谈判前周密的准备

《塔木德》中说：“人在自己故乡所受的待遇与风度有关，在外乡则由服饰决定。”犹太人在谈判前都会做周密的准备工作。

犹太人认为，谈判绝不仅仅是双方坐在谈判桌前面对面地交换意见或讨价还价，它更是一幕精心策划的戏剧，需要积极的准备和非凡的表演艺术，是彼此间勇气的较量；通过调整和妥协，双方才能达成一致。并且，谈判与人息息相关。

犹太格言：“与其迷一次路，不如问十次路。”其意也正说明，人在行动前，要把目标和方向了解清楚，不要贸然行动。

成功谈判的精髓是定下自己的目标，并且做好如何实行它的计划。人既是逐利动物，也是感情动物，因此人的情绪往往受经济利益、名利、情感等诸多因素影响，从而左右一个人的选择。在谈判中，时刻牢记自己此次谈判的目标，控制住自己

的情绪，从而保持始终如一的坚定态度。只有先明确目标，才能在对手面前保持冷静。

犹太商人在商业谈判之前，总是先确定谈判的目标，在谈判之前准备好与谈判目标相关的技术与资料，同时对对方的态度和可能发展的趋势有所预判。因此，犹太商人认为，准备阶段确定的目标是整个谈判成败的关键所在。在你坐在谈判桌之前，那些你该做而没做的工作，就已经决定你谈判时表现如何。

如果大多数参加谈判的人都不知道自己的目标到底是什么，那么这次谈判的成功率就已经打了折扣。这就好比在制作雨伞时，必须先把一支支零乱散置的伞骨束起，固定妥当。只有先把你的目标明确，才能进行复杂的谈判。如此才能保证在任何情况下都不自乱阵脚，也不会因一时的喜忧而影响判断，更不会在一时失控时，拍桌大骂谈判对手而坏了大事。因此，谈判者必须先明确自己真正追求的目标，并牢牢铭记在心里，再围绕它考虑采取哪些必要的措施和手段。

第二十六辑　必要的谈判策略

《塔木德》中说："在谈判中要讲究谈判策略，这样会使自己在谈判中立于不败之地。"这也是犹太人高人一筹的精明之处。

知己知彼，百战不殆

知己知彼，才能制定正确的谈判策略。如何做到知己知彼呢？犹太人懂得情报的重要性，所以，无论是商业谈判还是外交谈判，犹太人特别注重搜集情报。在谈判前，多一份对方的情报，就多了一分主动权。因为情报可以使自己多了解对手的情况，抓住对手的真实意图，避免落入他们设计的陷阱；还可以估计对方的要价条件，揣测对方的底线，从而在谈判中占据主动地位，提高获胜概率。

基辛格当年是哈佛大学的教授和内阁顾问，但这并不能满足他的愿望，他要加入政界，而不是作有名无实的顾问。

基辛格寻找的机会终于来临了。

新一轮的总统竞选即将开始。当时美军正陷在越战的泥沼

之中，为了摆脱困境，美国政府已与越南当局在巴黎进行秘密和谈。谈判的内容是高度机密的，但和谈对下届总统竞选至关重要。许多人都想知道其中秘密。总统竞选者尼克松对此更是望眼欲穿。

基辛格猜准了尼克松的意图，想到自己有位朋友可以获得和谈的内幕消息，情报自然弄到手了，他借此便与尼克松进行了秘密接触。

第一份情报，巴黎刚发生重大事件。基辛格劝尼克松不要对大众发表关于越战的新策略。

第二份情报，现总统可能短期内下令停止轰炸北越。

第三份情报，巴黎方面已协议停止轰炸北越。

令尼克松头疼的情报轻而易举地弄到手了。

凭借这些准确情报，尼克松大选前几日所发表的谈话没犯下任何错误。基辛格提供情报的内容和时机，均使尼克松获得良好的社会反响。

尼克松竞选成功，当选总统，自然对这位犹太人另眼相看。考虑到基辛格能力极强又是亲信，便委以国务卿的重任。

基辛格终于如愿以偿，但实际上他是以情报作为条件和尼克松谈判的。

欲擒故纵

犹太实业家卡洛，已 70 多岁，仍旧活跃于商界。

他看好一块地皮后，决定贷款搞房地产开发。他找来会计师——受人敬重的霍夫曼太太，替他安排与银行代表魏得曼先生见面。他和霍夫曼准时赴约。他当然是有备而来，他知道魏得曼先生有两大嗜好——网球与歌剧。

会面从一些无关痛痒的应酬话开始，卡洛平常不太爱说话，现在居然滔滔不绝。先说网球——他曾参加过温布尔敦网球大赛的比赛，当然，久已遗忘的比赛情景又浮现眼前。他接着再谈歌剧，他对毕洛特（德国巴伐利亚地区纽伦堡东北的一个城市）举办的瓦格纳 40 周年歌剧纪念大会的精彩节目，简直如数家珍。

下班的时间到了，大家都收拾东西回家。一向准时下班的魏得曼，却很紧张地轻轻敲打着桌上那份卡洛的申请，他真打算就在这个下午能和卡洛达成协议——也让自己能在星期一的例行会上把申请呈给上级看。卡洛却在一旁若无其事地等着。

5 点 10 分，卡洛起身，看了看表说，这次会谈让他很愉快，不过他有事得先走一步了。当魏得曼帮他穿上大衣，两人转身走向电梯时，这次会面的真正目的才真正开始。

魏得曼问：“卡洛先生，你不是来谈抵押贷款的吗？”

卡洛说：“抵押贷款？霍夫曼，你要我来，是来谈贷款的事吗？”

卡洛从头到尾都没提贷款，是魏得曼自己提出来的。当然，贷款的条件使他很伤脑筋，在电梯门口时，魏得曼提出条件。

利率为 6.18%——而通常银行贷款的利率是 7%——条件可以说非常好。

离开谈判桌，并不是因为不想做成某笔生意；有时候，反倒是生意成交的引信。

美国信封公司董事长麦凯有一次把这一战术运用得十分恰当。他有 5 个朋友合伙搞房地产，想在芝加哥发展旅游业。

就在所有财务文件要签字的前两天，银行也即将寄出信用状。其中一位合伙人（是位建筑师）因不满个人名下的贷款金

额有异议，决定退出。在这个节骨眼上，他们找到麦凯，开出很优厚的条件，而且给他 24 小时考虑要不要加入。

但是他却说："谢谢你们，这笔投资的确很吸引人，不过我还没有决定是否加入。"然后他就离开了。第二天，就在 24 小时即将过去时，电话响了，对方开出的条件比上回更好，包括一家资产净值很高的公司做担保。

软硬兼施

谈判在竞争日益激烈的商场中尤其重要。双方短兵相接，唇枪舌剑，你来我往，寸利不让。双方只有同一个目的，力求自己利益最大化。这种从各自利益出发带来的结果常常使谈判陷入僵局。这里介绍一种打破僵局的有效方法——软硬兼施。

休斯是美国的大富豪之一，性情古怪，易怒。他曾经为大批购买飞机一事与飞机制造厂谈判。休斯事先列出了 34 项要求，对于其中的几项要求是非满足不可的。休斯亲自出马与飞机制造厂代表进行谈判。由于休斯脾气暴躁、态度强硬，致使对方很气愤，谈判充满了对抗性。双方都坚持自己的要求，互不让步。休斯蛮横的态度，使对方忍无可忍，谈判陷入僵局。

事后，休斯感到自己不可能再和对方坐在谈判桌前了，也意识到他的脾气不适合这场谈判。于是他选派了一位性格较温和又很机智的人代他去和飞机制造厂代表谈判。他对代理人说："只要能争取到那几项非得到不可的要求，我就满足了。"出人意料的是，这位谈判代表经过一轮谈判后，就争取到了休斯所列出的 34 项要求中的 30 项，其中自然包括那几项必不可少的要求。休斯惊奇地问那位谈判代理人，靠什么武器赢得了这场谈判。代理人回答说："这很简单，因为每到僵持不下的时候，我都问对方‘你到底希望与我解决这个问题，还是留待休斯跟你们解决’，结果对方无不接受我的要求。”

诙谐幽默的回答恰恰是解决问题的关键所在，有了前面强硬的休斯做对比，较温和的代理人便显得慈眉善目了，接下来的问题理所当然进展顺利。软硬兼施，达到的目的只有一个，即取得谈判的成功。

犹太人乔费尔谈判7个技巧

在商业谈判中，犹太人善于从全局统筹。这里我们就以犹太人乔费尔的谈判7个技巧，探讨一下犹太人对全局的把握。

第一，尽可能多地搜集对手的各种情报。

乔费尔在荷兰经销电器，他打算从日本钟表批发商三洋公司进口一批钟表。在谈判前两周，乔费尔邀请一位精通日本法律的律师作自己的谈判顾问，并委托该律师提前收集有关三洋公司的情报。通过调查，日本律师发现了许多耐人寻味的情况。比如，三洋钟表公司近年来的财务状况不佳；这次交易的旅行用时钟和床头用时钟承包给另外一个日本厂家生产制造；三洋公司属家族型企业，目前由其第二代掌管，总经理的作风稳重踏实，信誉不错；价格方面也许波动较大……情报虽然不多，但很重要。其中，关于该商品由台湾生产这一条情报非常重要，这无异于在谈判中扣了一张底牌。到达日本后，乔费尔和日本律师商定，对于商品的单价、付款条件，以及其他细节都由乔费尔临场酌情而定。接着，日本律师又和乔费尔从荷兰带来的律师研究两国的法律差异。

第二，有针对性地设置谈判陷阱。

谈判即将开始，三洋公司草拟了一份合同。乔费尔和两位

律师经过商议后，决定围绕这份合同制定谈判策略。在三洋公司提出的合同草案中，有一条是关于将来双方发生纠纷时的仲裁问题，三洋公司提议在大阪进行仲裁，解决纠纷。这里需要提醒一下，仲裁无论在哪个国家进行，其结果在任何一个国家都有效。而判决就不同了，因为各国的法律不同，其判决结果也只适用该判决国。也就是说，日本法院的判决书在荷兰形同废纸，荷兰法院的判决书在日本也形同废纸。针对质量问题，乔费尔提出如下主张："我们都知道仲裁的麻烦，都不愿意涉及仲裁，但以防万一，不妨就请日本法院判决。"乔费尔的圈套和策略是，假若双方一旦出现纠纷，日本法院的判决在荷兰无效，即使三洋公司打赢了官司，也根本执行不了。这样，将来真的出现纠纷，乔费尔不出庭都可以，连诉讼费都省下了。若这一提议能通过，乔费尔自然占了上风。设计好这个陷阱后，乔费尔和日本律师轻松地游览去了。

第三，控制好谈判的进程。

谈判开始了，乔费尔首先发言："虽然我曾去过许多国家，但来到美丽的日本更使我高兴。贵公司的产品质量可靠，很有发展潜力，若能打开欧洲市场，对我们双方都很有利，所以我很希望能与贵公司合作。"三洋公司代表听了非常高兴。其实，这正是乔费尔巧妙控制谈判程序的一个必不可少的一招。接下来的谈判自然也很顺利，诸如钟表的种类、代理地区、合同期限等事项，双方几乎没有多大分歧。这正是乔费尔希望的，并且也是他刻意先挑出这些小问题讨论。先从容易解决的问题入手，这正是谈判的基本技巧之一。

第四，舍芝麻，留西瓜。

在乔费尔的循循善诱下，谈判在一些细枝末节上遇到了波折，三洋公司代表寸步不让。乔费尔之所以如此，实际上是为

后面的价格战埋下伏笔。因为三洋公司代表在这一点上不让步，其他地方上不能总不让步。这次谈判中，倘若一开始便讨论价格问题并定下来，那么乔费尔就会少一个牵制对方的筹码。果然不出他所料，三洋公司代表态度强硬，根本没有让步的意思，于是双方僵持了很久。三洋公司代表的做法是典型的日本人作风，即只是一味地不让步，从不提解决的办法。对方一旦提出新方案，又摇头拒绝。乔费尔毫无办法地耸耸肩，说这回遇上了强劲对手，语句中大有奉承之意。然后，他突然话锋一转：“本人对耗费大量精力的仲裁方式从来就没好感，据我所知，日本的法院非常公正，因此我提议今后若有纠纷，就由日本法院判决。”

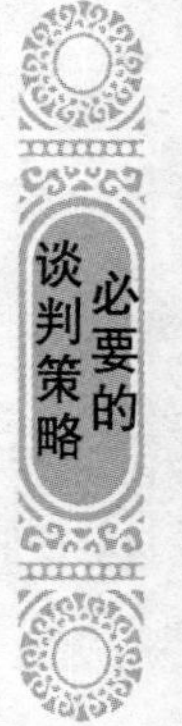

这次，三洋公司代表非常爽快地答应了。这正是乔费尔的陷阱，而三洋公司代表之所以如此爽快，一是他们不清楚有关法律，误以为在本国打官司对己有利；二可能是出于对自己老是摇头的态度感到不好意思。既然对方已中计，乔费尔大功基本告成，于是对前面的芝麻粒大的小事提出了折中的办法，三洋公司代表当然欣然同意。在这场谈判中，表面上乔费尔一再让步，显得被动，也显示他对谈判的诚意，实质上这是一串虚招里藏着的一把利剑，最后使对方中计。

第五，找准对方的命脉，动之以情，晓之以理。

最后一个问题就是价格问题。起初，三洋公司代表的要价是单价为 2000 日元，乔费尔的还价是 1600 日元，后来三洋公司代表降为 1900 日元，乔费尔增至 1650 日元，谈判再次陷入僵局。为此，乔费尔又提出种种方案，诸如，原订货到 4 个月付款可改为预付一部分定金，或将每年的最低购买总额增至 1.5 亿日元，或拿出总销售额的 2%作为广告费等。但三洋公司代表的态度仍旧很强硬，表示绝不考虑单价 1900 日元以下

的价格，谈判只好暂停。下一轮谈判一开始，乔费尔首先发言："这份包括 24 项条款的合同书，是我们双方用半年多的时间草拟的，又经过几天的讨价还价才达到了双方几乎全部同意的结果，现在仅仅为了单价几百元的差距，而将前功尽弃，实在是太可惜了。大家很明白，价格高销售量就会减少；价格低销售量自然会增加。我们的利益又是一致的，为什么不能找出一个双方都能接受的适当价格呢？"接着他以非常温和的口气打出了早已准备好的王牌，"对于我方来说，涉足新市场的风险很大，贵方的产品，对于欧洲人来说又是很陌生的，我方很难有击败竞争对手的把握。经过几天的谈判，诸位可以看出我方的合作诚意，然而贵方开出的单价，实在是太高了。我相信，按照我为对方开的价，一定能从台湾或香港买到同质产品。当然，我并未想去别的地方采购，但最起码我们从贵方的进货价不能比别的地方高得太多。"这番婉转的以"感情"和"利害关系"为筹码的话，很有说服力，并暗示若对方再不答应，他便和其他厂商合作，三洋公司代表不得不慎重考虑。

第六，假意破裂，实施最后通牒。

"现在，我方再做一次重大让步，那就是单价最高为 1720 日元。在价格上我方已达极限，下面就看贵公司的态度了。现在我们先回去准备回国事宜，请贵方认真考虑，两小时内我们静候佳音。"说完，乔费尔和两位律师站起来。三洋公司总经理赶忙打圆场，表示何必那么着急，却被乔费尔以微笑而坚决的态度拒绝了。显然，他下了不惜前功尽弃的赌注。其实这又是他的谈判技巧。乔费尔正是以借回国名义发出"最后通牒"，以图打破僵局。当然，三洋公司代表是否同意，完全取决于自己，并无什么真正的威胁。但乔费尔的话表明他决不让步的态度，从而给对方造成压力，若再不答应，谈判就可能破裂，从而被迫让步。结果，三洋公司代表果然又中了计。两小时后，三洋公司的常务董事说：“先生提出的价格，我方基本接受了，但能不能再增加一点儿？”乔费尔沉默许久，掏出计算器按了一会儿，又拿起合同，将单价改为1740日元，然后微笑说：“这20日元算是我个人送给贵公司的优惠吧。”

第七，节外生枝依然大功告成。

在合同签订后的三年中，双方的交易似乎很顺利，但突然出现了一个意想不到的纠纷：美国的S公司声称三洋公司的产品与该公司的产品颇为相似，于是乔费尔迅速派律师做调查。原来，三洋公司曾为S公司制作过一批时钟，乔费尔的产品正是以那批产品为蓝本略做修改制造的，自然十分酷似。因此，S公司一方面要求乔费尔立即停止钟表销售，另一方面又要求得到10万美元的赔偿。三洋公司对此事件的态度却十分消极，一直拖了4个月未做明确答复。于是，乔费尔只好停止钟表销售，并答复S公司，请他们直接与三洋公司协商处理此事。这件事的根源自然在三洋公司，但由于三洋公司的消极态度，引发了乔费尔拒付拖欠三洋公司的2亿日元货款。于是，三洋公司气势汹汹地来找乔费尔，认为盗用钟表款式与欠款是两码事。双方僵持一段时间，没有实质性进展，直到有一天，三洋公司给乔费尔打电话，声称他们决定向大阪法院提出诉讼，乔费尔的律师付之一笑。此时，三洋公司还不明白其中的道理，不久带一位律师去乔费尔的日本律师处，扬言要去荷兰打官司。乔费尔的律师不慌不忙地说：“合同书上规定以大阪法院为唯一裁决所，所以即使您到了荷兰，恐怕荷兰的法院也不会受理。”三洋公司的总经理气急败坏地看着自己的律师，他的律师坦陈的确如此。又过了三个月，法院没有丝毫动静，三洋公司的总经理这时才明白中了乔费尔的圈套。他仍不灰心，考

虑只要能诉诸法律，一定会对自己有利，于是乔费尔的律师打出了最后一张王牌——“总经理先生，也许您应该知道，荷兰有很多皮包公司。这些公司的一切都装在老板的皮包里，没有任何实际资产。乔费尔的公司就是如此。公司的钱放在哪里，只有乔费尔知道，或许放在瑞士银行……”这下彻底击败了三洋公司的总经理，没办法，只能听凭乔费尔摆布。最后，双方商定由乔费尔支付三洋公司4000万日元欠款，其余1.6亿日元的欠款抵作赔偿金。

在整个谈判中，犹太人乔费尔对谈判全局的把控堪称天衣无缝。

睿智的谈判者都会从大处着眼，小处着手，为抓“西瓜”，不惜丢掉很多“芝麻”，从而把握全局，大获全胜。

在谈生意时，谈判过程中运用一些谈判小技巧，从而轻松达到谈判目的。

第二十七辑　卓实有效的谈判

《塔木德》中说："即使撤合同，也要确保双赢。"大多数犹太人在商务往来时，能够通过巧妙的调整而取得双赢的结果。

只有双赢才能彻底解决问题

犹太人的赚钱术，不求单赢求双赢，即"一笔生意，两头赢利"。大多数犹太人在商务往来时，能够通过巧妙的调整而取得双赢的结果。

犹太商人认为，在商业谈判中，谋求双方共同利益是谈判的基本原则，但是谈判双方主观上都想最大限度地实现自己利益最大化，在客观上势必要讨价还价，因此，双方要想获得更大的利益，就必须付出一定的代价。高明的谈判老手不仅知道如何进取，而且善于妥协让步，这样有时就能满足对方的需要，调节控制对方的谈判动机，改变对方的谈判立场和态度，收到意想不到的效果。

很多时候，谈判往往只能调和双方利益而不可能调和双方立场。但是要注意的是，任何一种利益，满足的方式有多种。

还有就是谈判双方的共同性利益往往大于冲突性利益，所以一定要本着双赢的目的，才可能解决谈判过程中的矛盾。

往往因为对方与我们的立场对立，就认为对方与我们存在利益上的冲突。调和双方利益可以把双方的注意力都集中在谈判的内容上。设法寻找可以改变对方抉择的各种选择方案，以便对方做出令你满意的决定。要给对方的不是问题而是答案，不是困难的决定而是容易的决定。在这一阶段中，务必把注意力集中在决定的内容上，决定常常会受到不确定因素的羁绊。

多数情形下，你想要的是一项承诺。你可以设法提供几项可能的协议。在谈生意中为了理清思绪而动笔，这是非常正确的。从最简单的可行方案入手，然后拟出几种可行性的选择。对方会同意哪些条件，对双方都具有吸引力？可以在拍板时减少有发言权的人数吗？你能拿出一份对方容易履行的协议书吗？

由于大多数人都会受到“合法性”概念的强烈影响，所以，设法让解决方法具有合法性，是易被对方接受的有效方式之一。对方比较容易接受从公平、法律和荣誉角度出发自认为正确的事情。最后，犹太商人对调和双方的利益，表现出乐于接受的态度，也认为公正是唯一的保证。

第二十八辑　好情绪是制胜法宝

《塔木德》中说："只要真理在手，就坚决地用真理来保护自己的利益。"犹太人在劣势中与上帝谈判，与敌人谈判，与商场上的对手谈判，他们谈判的武器是"得理不饶人"。

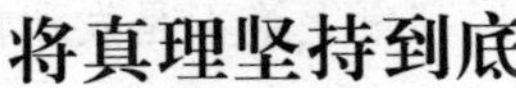

将真理坚持到底

这条法则源于传说中犹太的先祖亚伯拉罕与上帝的一次谈判。

上帝得知所多玛城和俄摩拉城的人违反了教规，便声明要以毁灭这两个城市作为惩罚。

两城的民众选择亚伯拉罕为代表和上帝谈判。

亚伯拉罕问："如果两座城有 50 名遵守教规的人，你能不能宽恕他们呢？"

上帝回答道："如果有，我就饶恕他们。"

亚伯拉罕穷追不舍："如果只有 45 人呢？"

上帝又做出让步："这样的话，我也饶恕他们。"

亚伯拉罕得理不饶人，继续追问："把拥有谨遵教规之人

的城市毁灭掉，这难道合乎正义吗?”

上帝当然不想落下坏名声，于是干脆做出一个很大的让步，宣布说：“只要有10位从来没有违反过教规的人，我就不毁灭这两座城。”

就这样，亚伯拉罕把风险降到最小。于是，他和上帝敲定这份口头契约，结束了这场谈判。但是，这两座城市加起来，居然没有10个人从来不违反教规。

亚伯拉罕只好伤心地看着上帝降下硫黄，毁灭这两座城市，看着所多玛城和俄摩拉城沦为死海。

这就是得理不让人的犹太人，他们用真理可以逼迫对方做出最大的让步。

保持理智的情绪

犹太商人认为，谈判桌上绝不是发泄情绪的地方，即使发生意外，或者对方故意激怒你，你也要以理智控制情绪，冷静对待。

在商业谈判中，犹太商人很懂得用理智来控制自己的情绪，明白谈判的第一要务是如何获取经济利益。同时他们又善于用情绪左右对方，使对方感情用事。

犹太人因其历史原因和生存环境艰苦，为人处事一般都很温和。宁可以理服人，也不恐吓和威胁别人。他们常采用机智、果断而圆滑的方式，谈判时幽默而态度温和。万一吵起来，也会用计谋让你上当。犹太人一坐到谈判桌前，总是摆出一副笑脸。无论是风和日丽的晴天，还是电闪雷鸣的雨天，都是如此。

CBS是全美三大电视网中历史最悠久的一家电视公司，

当时日本只有 NHK 拥有卫星转播系统，所以 CBS 若想把福特总统访日的活动进行现场直播，就必须与 NHK 进行合作。

在福特总统预定访日的前两周，CBS 从纽约派出一个谈判小组，小组的负责人是一位青年人。他大模大样，直言不讳地向比他年长许多的 NHK 主管提出种种不合情理的要求，其中包括超出实际需要近两倍的人员、车辆及通信设备，等等。NHK 的主管心惊胆战地暗想，这根本不是请别人帮忙的态度，简直就像我们欠了对方什么似的，真是岂有此理！于是这次会谈也就含含糊糊地没有取得任何结果。

一向以全面迅速播送新闻全面迅速为傲的 CBS 这下急坏了，眼看总统访日期限将近，但转播权问题仍未解决，无奈只得由最高主管亲自出马，到东京重新与 NHK 会谈。他们认真分析了上次失败的原因，向 NHK 提出道歉并以诚恳的语气提出了转播的请求，终于达成所愿。

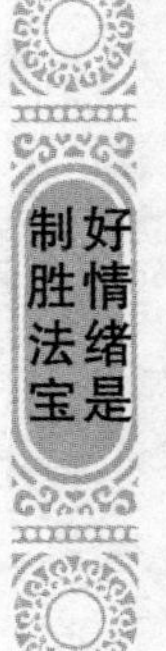

时代在不断地变化和发展，人类进入了合作共赢时代，与犹太人的温和谈判法相比，美国人那种咄咄逼人的蛮横谈判方式显然是过时了。

未来社会是一个相互协作、共同合作的社会，强硬只能加深彼此间的隔阂，温和态度是将来谈判的大趋势。

小偷的帽子着火

在东欧的一个城市里，有位犹太人的帽子被人偷了，但是帽子到处都有卖的，举目一望，许多人都戴着那种帽子，根本无法区分谁是小偷。于是这位犹太人灵机一动，大叫一声：“小偷，你头上的帽子着火了。”那个小偷在惊吓之下，赶紧摸了一下帽子。

扇子的另一种用法

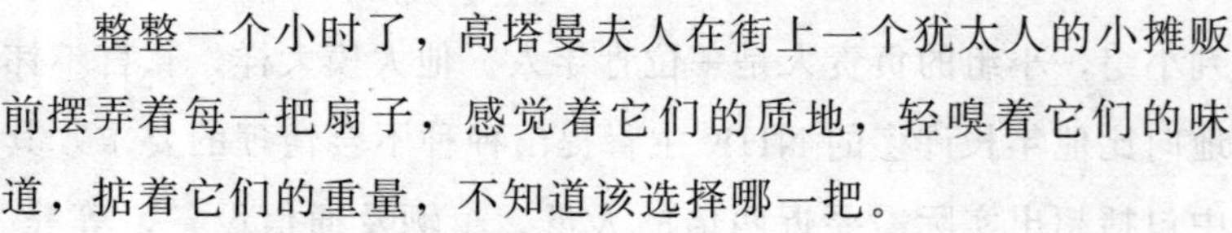

整整一个小时了，高塔曼夫人在街上一个犹太人的小摊贩前摆弄着每一把扇子，感觉着它们的质地，轻嗅着它们的味道，掂着它们的重量，不知道该选择哪一把。

“我要这把小巧的。”她最后下定决心，付了钱。

随后她拿着扇子回家去了。

第二天早晨，卖扇子的人就看到她气鼓鼓地站到面前。

“您有什么事？”小贩问。

她一声不吭地摊开手上的碎片，那正是昨天她买走的那把扇子。

“怎么啦？”小贩问。

“把钱还给我！”她嚷道。

“你付给我多少钱？”

“一角钱。”

“你是怎么使用这把扇子的？”

“你问得可真蠢！我当然是拿它在脸前来回扇啊。”

“你花一角钱买来的扇子就这么用呀？”小贩叫起来，“五角钱的扇子才能那样使用的！你这把一角钱的扇子，只能把它摆在面前，你自己左右摇头才对！”

绝望的体会

拿破仑从俄国溃败后，逃到一个偏僻的犹太人居住的小村庄。这时，村庄早被俄军包围了，他无路可走，只好钻进一家裁缝店。

“快将我藏起来吧，”拿破仑颤抖地恳求小裁缝，“要是俄军发现了，我会被他们杀死的。”

小裁缝是个好心人，虽然不认识这个矮个子男人，但对他深表同情，于是对他说：“你躺到那张毛皮床上面去，别出声。”

拿破仑躺下后，裁缝在他身上盖了厚厚的毛皮褥子。

不久，门被撞开了。两个拿着长矛的俄军士兵闯进来。

“有没有人藏在你这里？”他们厉声问道。

“我这个地方哪能藏住一个人呢？”裁缝答道。

士兵搜遍每个角落，毫无结果。临走之前，他们便用长矛戳了戳毛褥。

士兵走后，拿破仑从毛褥里爬出来，面如死灰，满头大汗。

他转身对裁缝说：“我告诉你，我是拿破仑皇帝，为了报答你的救命之恩，我可以满足你三个要求。你说吧，什么都行。”

小裁缝想了一会儿说：“陛下，我的屋顶年年夏天漏雨，我又没钱修，您发发善心帮我修一下吧。”

“真是个傻瓜！”拿破仑不耐烦地说，“这就是你向最伟大的皇帝提出的要求吗？算了吧，我负责给你修好屋顶。现在你可以说第二个要求了。这次你可要认真点儿。”

小裁缝挠挠头，一时想不起来有什么要求。

半天他才说：“几个月前，一个裁缝在街对面开了一个铺子，抢了我的生意。要是不麻烦的话，您让他另找个地方。”

“真是个笨蛋！”拿破仑蔑视地说，“好吧，我会叫你的对手去地狱的。现在你再想一个真正重要的要求，记住，这是你最后一次机会了！”

裁缝皱起眉头想了一会儿，最后脸上露出顽皮的表情。

“对不起，陛下。”他满怀好奇地问，“我很想知道，当俄军士兵用矛戳毛褥子的时候，您是什么感觉？”

“蠢材！”拿破仑气得暴跳如雷，“你竟敢向一个皇帝问这样的问题，你真是活腻了，我等天一亮就枪毙你！”

他说到做到，小裁缝被送进监狱。

那天晚上裁缝怎么也睡不着，不停地哭泣，然后他开始祈祷，乞求上帝给他安宁。

第二天清晨，他被带出牢房，绑到一棵树上。一队士兵站在他的对面，用枪瞄准他。旁边站着一个军官，手里拿着表，等行刑时间。他举起手开始计数：“一二——”还没等他说三，只见拿破仑的侍卫骑马飞奔而来，边跑边喊：“不要开枪！”

侍卫下马走到裁缝跟前说：“皇帝陛下赦免了你，还叫我给你捎来了一张纸条。”

裁缝长长地松了一口气，打开纸条一看，上面写道：“你不是想知道当我藏在你家里的毛褥下是什么感觉吗？恐怕你现在体会到了吧。”

便宜的酒

约瑟和曼代是一个小村庄酒铺的合伙人。这一天，他们卖完存货，便一起驱车去城里买了一桶威士忌。

在回家的路上，天气渐渐冷起来，还刮起大风，他们互相开玩笑说对方想喝威士忌。但他们要真那样做，可就是个严重的问题。他们装酒的时候就曾严肃地约定，谁也不能先喝一口，因为那是他们一周的生活来源。

约瑟可是个聪明的家伙。他翻了翻口袋，找到5毛钱，对曼代说："给你 5 毛钱，从你那份酒里卖给我一点儿。"

曼代是生意人，回答道："既然你付现金，我自然要卖给你的。"

于是他舀了一杯酒给约瑟。约瑟喝酒以后不久，暖和起来，而且变得很兴奋。曼代的鼻子因为冷而变得更青了。

他真忌妒该死的约瑟能幸运地找到 5 毛钱！

但是，突然他碰到口袋里约瑟给他的那枚 5 毛硬币。

"现在，这钱可是我的啦！"他自言自语道，"为什么我不能用它买酒喝呢？"

于是他对约瑟说："约瑟，给你 5 毛钱，从你那一份酒里给我倒点儿。"

约瑟应声道："有现金就行。"

他给曼代舀了一杯酒，收回他的 5 毛钱硬币。

就这样，约瑟和曼代用唯一的 5 毛钱互相买酒，你一杯我一杯喝了一路。等他们到酒铺时，都喝得醉醺醺的。

"真是个奇迹啊！"约瑟嚷道，"想想看，整整一桶威士忌才花了 5 毛钱！"

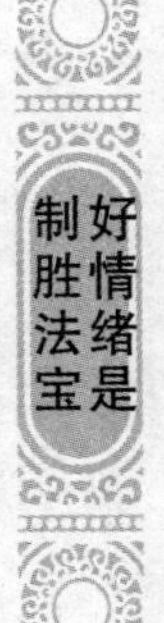

傻瓜的逻辑

从前有一个傻瓜姆特克勒不被别人信任，当然，他也是家里的麻烦，但是他的父母能怎么办呢？这个可怜的人，是他们的骨肉啊！

一天，他母亲对他说："姆特克勒，给你一个卢布，你到市场上为我买一只母鸡。你一定要记住，紧紧拿着钱不要丢了。"

姆特克勒去了市场。当他回来时，母亲见状快要晕过去

了。他竟然买回一罐子水。

“姆特克勒，我的儿子，你究竟能做什么？”她叫道，“难道我不是让你买母鸡吗？你买水干什么？”

“不要生气，母亲！”姆特克勒说，“让我告诉你整个经过。我按照你的话，去市场买母鸡，当我让一个卖家禽的妇女给我一只母鸡时，她说，‘我想让你知道，这不再是母鸡，它像鸡肉一样吧！’我听她夸奖鸡肉，我想鸡肉一定比母鸡好，于是我去买鸡肉。我向屠夫买一些鸡肉。他对我说，‘这不再是鸡肉，它像油一样发光！’我就知道，油一定比鸡肉好，于是我去商店买油。售货员说，‘这不再是油！你可以看出来它像水一样清！’当我听到这个，我想水要比油好。我对自己说，‘为什么浪费这么好的一个卢布？’因此我拿大水罐盛满纯净的水，然后我就回来了！”

会错意的上帝

一个犹太人在公路上长途跋涉，他走得太远，以至于脚都痛了。所以，他祈祷说：“上帝啊，赐给我一头驴子吧！”

他祈祷完不久，有一个罗马人经过，他骑的驴子生下一头小驴子。

“在这儿，伙计。”罗马人叫道，“你替我扛着这头小驴子！”

他按照罗马人的命令做了，扛着小驴子跟在后面。当他背着沉重的小驴子摇摇晃晃地走时，心里说：“确实，我的祈祷实现了！但不幸的是，我没有表达清楚，我本应该强调一下，我希望有一头驴子让我骑，而不是让它骑我！”

圣人的象征

彻尔姆的委员在开会，他们决定要有一个和别人一样的团体传承他们的智慧，而最应该做的事就是要有一个首席圣人。于是他们就选了一个，但让他们吃惊的是，当这个人走到街上时，没有一个人注意到他，因为他和彻尔姆的居民没什么两样。

于是他们给他买了一只金鞋子。

“现在每个人都会知道他就是首席圣人了。”他们说。

当首席圣人穿上金鞋子的第一天，街上有很大的尘土，不一会儿，尘土都跑到他的鞋面上，再也看不出是金的了，因此没有人认出他就是首席圣人，所以也就没有注意他。

首席圣人不喜欢被忽视，就到委员会抱怨。

“如果我不能很快得到尊重，我就辞职！”他威胁说。

“你说得太对了！”委员们说，“我们马上采取措施，让我们首席圣人的尊严必须得到保护！”

于是他们给首席圣人做了一双上等的皮鞋套在金鞋子的外面，这样当首席圣人上街的时候，就不会再沾上尘土了，但也由此没有人能看到皮鞋里面的金鞋子，因此还是没有人注意他。

“这太过分了！”首席圣人发怒了，“如果每个人都忽视我，那么我做首席圣人有什么用呢？”

“你说得对，绝对正确！”委员们又说，“相信我们，我们会为了保护你的尊严不惜一切代价。”

于是他们又从鞋匠那里为首席圣人做了一双皮鞋。这双鞋上有很多小洞。这样既可以保护金鞋子不沾尘土，同时也可以

让人看到里面的金鞋子，每个人就可以认出他是首席圣人了。

不幸的是，这个办法又失败了，灰尘穿过小洞又弄脏了金鞋子和皮鞋。因此没有人认出他是首席圣人，也没有人注意他。

“这太过分了！”首席圣人大怒，“我觉得很丢人，以后我再也不在街上露面了！”

“当你苦恼的时候，我们也很苦恼！”委员们安慰他，“不要害怕，我们会想办法。”

于是他们用稻草堵住皮鞋上的小洞，稻草确实阻止灰尘进入鞋里，但老问题又来了，没人能看到里面的金鞋子。首席圣人依旧被忽视了。

于是彻尔姆的委员们又召开大会，讨论如何解决问题。

“从此以后，”他们告诉首席圣人，“你就穿着平常的皮鞋上街，但是为让每个人都知道你是首席圣人，你的每只手都要拎一只金鞋子！”

判断成长的标准

在一个寒冷的冬夜，彻尔姆的两个圣人围坐在教堂的炉子边。他们激烈地争论，一个人到底从哪儿开始生长？

“什么问题！”一个人叫道，“傻瓜都知道人从脚开始生长。”

“给我证据。”另一个人说。

“几年前，我买的裤子那么长，都垂到地上，现在再看看，它变得那么短了，这就是证据。”

“那说明不了问题。任何头上有眼睛的人都能看到人从头开始长的。就在昨天，我看见一队士兵在演习，因为是大白天，我看得很清楚，他们的脚都是一样的，但从头来判断的话，高矮就不一样了！”

免费理发

镇上有一家新开张的理发店。有一天，一个天主教神父走进这家理发店。理完神父的头发以后，理发师不肯收他的钱，说：“不收教士的钱。”第二天，神父给理发师送来了一瓶约翰尼·沃克酒。

过了几天，当地的一个新教牧师也走进这家理发店理发。这次，理发师又没有收费，并且作了和上次同样的解释。第二天，这位牧师给理发店送来一棵十分可爱的植物。

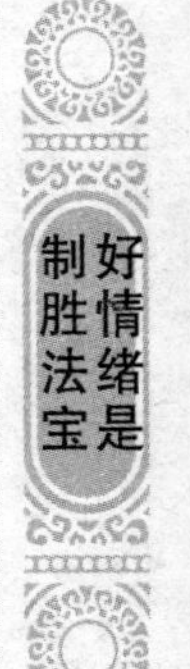

又过了一周，一个拉比走进来理发。理发师又不收他的钱。过了一周，这个拉比给理发师带来另一个拉比，要求免费理发。

兄弟与面条

有一次，有一个人给一个头脑简单的年轻人说亲。这个可怜的家伙根本不知道如何和别人相处。

为了避免尴尬，他父亲教他说话要小心：“第一次见到女方时，你要给她留下一个好印象。我的建议是，先谈论一些爱的话题，然后说一些家庭私事，最后还要引用一点哲理。”

他郑重地点头，表示他明白他该做什么了。于是，他带着父亲的祝福，开始他的第一次拜访。

开始因为女孩的父母在场，他有点紧张，但当女孩父母借故离开以后，他放松下来。这时他想起父亲的教导，于是就问

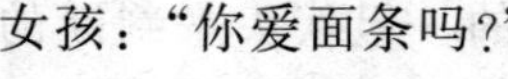

女孩："你爱面条吗？"

"当然。"女孩很奇怪，"为什么不爱呢？"

沉默了一会儿，他又问："你有兄弟吗？"

"没有，我没有兄弟。"

他高兴起来，他已经按照父亲的教导安全地问完了头两个问题，也就是关于爱和家庭方面的。现在只剩引用一点哲理了。

"丽泽施，"他皱着眉头问，"如果你有兄弟，他爱面条吗？"